柴田剛

Tsuyoshi Shibata

地獄の田舎暮らし

ポプラ新書

207

はじめに

コロナ禍をきっかけに再び沸き立つ田舎暮らし。

だが、もしあなたがその景色とひとときの情熱に背中を押されているならば、田舎暮らしのもう一つの現実をよくよく承知してからの決断をお勧めする。

コロナ禍は、田舎暮らしの最も醜い部分を、最も強く浮き彫りにしたとも言えるのだ。

2020年1月、日本におけるコロナ禍は、クルーズ船での感染蔓延から始まったとも言える。

クルーズ船は、昨今のクルーズ流行りで、海の景色に縁遠い山間部の住人にこそ人気である。

退職の記念にと、Fさん夫妻もそんな海の旅行に憧れて参加した一人だった。Fさん夫婦は、長期に亘る船内足止めから解放され、ようやく家路に就いたのだった。

人生に一度の贅沢と考えていたFさん夫妻には、自宅までタクシーを借り上げる経済的余裕はなく、電車でようやく自宅最寄りの駅まで戻ったのだった。

だが、折しも世は、いよいよ（患者が）出るか否かと、戦々恐々とする毎日である。

駅前の小さなロータリーでタクシーを拾ったのが運のつきだった。

すでに地方都市ではどこも、コロナに怯えるさなかに旅行などもってのほか、といった支配的な雰囲気が蔓延していた。

そこに大きな旅行鞄を持って降り立った老夫婦に、タクシーの運転手は疑心を含んだ声をかけた。

「どちらから？」

Ｆさんが振り返る。

「ようやく、地元に着いたという安心感と、中国からの客だと思われたらまずいという気持ちがあったんです。いや、参りました。クルーズ旅行に行ったら、ずっと足止めされちゃってと、そう応えたんです」

それが騒動の始まりだった。


車庫に戻ったタクシー運転手は、すぐに会社から自宅待機を命じられた。

会社は感染伝播を案じたのだった。

しかし、地方都市とはいえ、所詮は集落の延長である。インターネットよりも速く、噂はあたりに浸透する。

タクシーを使ったために自宅が特定されたＴさんの元に一本の電話が入った。

集落の組長（自治会長）からだった。

「とにかく、家から一歩も出ることはなんねえ」

すでに、Fさん一家が降り立ったという駅からタクシー会社までが、あたかも感染源であるかのように喧伝され、一昼夜をおかずして、あたりはパニックに陥ったのだ。

集落一家の地方にあって、個人情報の保護、プライバシー尊重、患者の人権擁護など、掛け声とは裏腹に、現実は酷なものである。

地元郵便局では、

「朝の朝礼で、どこどこの誰々と、番地まで挙げられて、コロナの可能性があるから注意するように」と、配達員全員に告知されたのである。

もう止まらない。

「いいえ、私らは何度も検査して陰性だったから大丈夫です」

Fさんがいくら繰り返そうと、無知と恐怖が相まって、耳を貸すものなどいない。

文字通り、命からがらのクルーズ船からの帰郷は、新たな地獄の始まりと化したのである。

集落では、旅行などで留守にすることさえ、近所には筒抜けである。それはつまり、満遍なく手土産を持ち帰らなければならないことを意味する。

Fさんはすでにかなり遅れた帰郷であり、集落の者としての務めを果たさなければという思いから、やむなく、人目を憚りながら、土産物を配りに歩いた。

実際に土産物を届けられた集落の者がいう。

「コロナがついているかも知れねえから、もらった者全員で申し合わせて、土産物は家の中には入れずに、外に出して置くことにしたんだ」

結果、Fさんらのお土産だけでもという気遣いは、野ざらしのまま、捨てられることになった。

さらに、であった。集落の者が集う温泉場にTさん夫婦が現れたとなれば、その温泉場は翌日から閑古鳥が鳴き、「さっさと閉鎖しねえか」という電話が殺到する始末である。

Ｆさん夫婦が現れた、立ち寄った、という話は都市伝説以上のリアリティのある恐怖としてあたりを席巻し、温泉場から押し出された住民らは、よその温泉場に押しかけ、想定外の〝密〟が発生するという珍事を引き起こした。

「集落一家」の地方にあって、Ｆさんらに釈明、弁明の機会など与えられない。一度、言われたら最後、である。

「うちは再婚で、新しい女房との初めてのクルーズ旅行で楽しかったんです。陰性だし、もうずっと待機したので大丈夫だからって言っても、もう……」

こんなときに旅行なんかに行きやがって……。

Ｆさんはコロナ禍でストレスの溜まった集落の不条理な怒りを一身に背負い、そう言われ続けている。

田舎暮らしとは、そういう世界で生き抜くことを意味している。

柴田　剛

地獄の田舎暮らし／目次

第2章　地域・物件選びで見る地獄　55

第3章　生活費で見る地獄　79

第1章

安易に移住ブームに乗っかると地獄を見る

コロナ移住のコア層は30～40代。首都圏出身者が多い

新型コロナウイルス感染症の発生によるテレワーク、在宅勤務、サテライトオフィスといった勤務形態の流れは、勢いのまま、郊外から地方への田舎暮らしや二拠点居住ブームをもたらした。

波がもっとも大きくなったという点では、見る限り、バブル期の別荘ブーム、平成の週末郊外暮らしブームに次ぐ第三の波と呼んでいいだろう。

平成晩期からの国や自治体による田舎暮らし呼び込みの流れはそれなりに一定の波及効果はあった。しかし、目に見えた大きな波かといえば、コロナ禍の最中に突如発生した大きな波ほどではなかった。干満に伴うコンスタントな波のなかに突如、大波が発生した。日々、地方で都会からの人の波を見ていると、そんな印象は否めない。

第三の波ともいえる２０２０年は、現役世代のうちは諦めていた地方移住が、働く場所に縛られなくなったことで実現できる環境をもたらした。完全に移住する方もいれば、週に数日オフィスに出社し、それ以外は自然に囲まれた地方

の家でリラックスするという通い移住を選択する方もいる。

今回のコロナ移住で多いのが、都会生まれの方のIターン。また、移住の問い合わせで多いのが首都圏の都心部でマンション暮らしをしている方が、都心部からのアクセスが比較的よい長野県、山梨県、群馬県あたりへの移住を検討しているケース。

都会生まれの方の場合、いつかは戸建て住宅を持ちたいという潜在的な憧れも、地方移住への瞬発力になっていると感じる。

ただし、後述するが、都会でマンションなどに暮らしていた方がいきなり地方の戸建てに移り住むと、住み方の根本的な違いに困惑して失敗するパターンも少なくない。

近年の移住は「内陸」ブーム

これまで静かな別荘地だった場所から、集落に至るまで、今、地方には人が押し寄せている。空き家や売り物件は文字通り飛ぶように売れる。

下見に来る客などはまだいいほうで、不動産屋やディベロッパーの煽り文句に文字通り煽られるがままに物件は売れていく。最近では、物件照会はインターネット上で可能なので、現地や現物を下見することなく手付金を振り込み、仮押さえし、なかにはオンライン内覧だけで売れていく物件も少なくない。

この大波はまさにネットサーフィンに乗った都市部の富裕層によるネット買いが勢いを支えているのだ。

だが明確なのは、その勢いが、海岸ではなく、内陸に向かっていることである。

いまだに都市部の住民にとっては、2011年3月に発生した東日本大震災による沿岸部での悲劇の記憶が色濃い。以後、田舎暮らし、移住暮らしでも、トレンドは、海岸ではなく、内陸に向かっていた。

当然ながら物件の価格や相場に反映される。

内陸部の、山の物件や土地相場が上昇したのに対して、沿岸部は停滞した。

そのなかでのコロナ禍である。

本州中部では、これまで売れなかった山がそれこそ飛ぶように売れ、日本全体が緊急事態宣言に見舞われたコロナ禍にあっても、林業や伐採業者らは、未曾有の開発ブームに押されている。

しかし、である。

よくよく考えてみていただきたい。

これまで幾度もの地方ブームのなかで売れ残っている土地には、売れ残っているだけの理由があるということを。

それは都会であっても同様だ。マンションでも戸建てでも、すぐに売れずに残っている部屋や土地には、人々が忌避するだけの理由がある。

地方では、よほど道路状況や周辺環境に大きな変化がない限り、基本的には界隈で一番いい土地は、1980年代後半の昭和バブルの時期に最高値で売れている。その後残っているのは、それ以下の土地、ということになる。

すでに数回の地方ブームの波に洗われたうえで残っている物件のなかから、

終の住処としてベストな土地や物件を探すということは、まずもって、労力を伴う覚悟の必要な話ということになる。

そこにきて、コロナ禍にあかせて体のいいオンライン内覧だけに任せておくと、地獄を見る。

移住を促進している役所の裏側

昨年のコロナ禍で多少、集客イベントが下火になったために、自治体や専門業者らによる移住関連イベントの開催は後退気味となり、その空隙を埋めるように、自家用車を自ら駆っての移住候補地への繰り出しが盛んになった。

だが、コロナ禍によるテレワークや二拠点居住への関心から、自治体を挙げて、さらなる〝商機〟と見る動きは、ＧｏＴｏトラベルキャンペーンの開始とともに再燃した。

移住を念頭に置いたとき、まずは自治体などが開く移住相談会に参加する場合であれ、個人で希望の場所を探す場合であれ、共通しているのは、人口の少ない地方を希望すればするほど、当該自治体を訪れた瞬間から、自治体の職員と接触した瞬間から、移住の試練は始まっていると考えるべきだろう。

今も昔も、地方という場所における最大の雇用機関は、「役所と警察」と相場は決まっている。

自治体の説明会を訪れると、地元出身の若手職員などが、「僕も学生時代は都会にいたんですけど、卒業してUターンしました」、あるいは「私はIターンしました」という人間が窓口にいることが多い。

えてして、その土地を知らぬ移住者らに、明るく開かれて、そして若い者にも決して苦にはならない田舎をアピールするためもあり、移住経験者（Iターン）、あるいはそれに近いUターン経験者を前面に立てている。

だが、彼らは、それぞれの土地の実態はともかく、暮らしやすい立ち位置にいるという、ある種の特権階級であるという現実を知らなくては、鵜呑みにできない。

彼らが自治体職員である場合、ほとんどは県庁であれ市役所であれ、地方公務員である。

彼らは経済的に安定しているだけではない。年配者はもちろんのこと、若い者であれ、役場の公務員は地方においては絶対であるという事情もある。公務員以外のあらゆる老若男女が、地方公務員の前では表向きであっても頭を下げる。人口の少ない土地に行けば行くほど、この傾向は強い。

地域に落ちる、落とすお金の多くが自治体による発注業務である比率が強まれば、民間で食べている者は、日常からの発注元と下請けという構図の延長で、誰も、地域の公務員様には頭が上がらないのだ。

私が知るある県の県庁では、それこそ、県民に対する口の利き方、電話応答さえ、今どき、こんなことを東京あたりでやれば区役所が突き上げられるだろうと思われるほどに不必要な横柄さが露骨であった。

常々、霞が関の中央官庁よりもプライドが高い、と中央官庁のキャリア官僚にさえ言われる県庁であったが、そんな県庁は決して例外ではない。

いわゆる一昔前の「お役所様」といえばそれまでだが、しかし、地方という土地、都市から離れている場所では、今でもそれが色濃く残っている。県庁職員、市役所職員、町役場、村役場の職員といえば、それぞれの土地では名士階層に君臨するのだ。

移住希望者らはそこを心して、彼らのなかにおける移住担当者らの話を聞かなければならない。

「移住すれども定住せず」の理由

各自治体の移住促進の取り組みは、なんとなく最近のブームに乗って、隣の町、隣の自治体でもやっているから、という狭い競争意識での移住者誘致合戦以上の意味を持っているかどうかは怪しい。

実際、コロナ禍以前からさんざん叫ばれてきた移住ブームであってもなお、それぞれの自治体の人口は減り続けている。

それは「移住者も多いが、高齢化による人口減少がそれ以上に多い」だけではない。そうした人口の自然減をはるかにしのぐペースで、人口流出が起きているがゆえの人口減少自治体がほとんどではないだろうか。

それはつまり、こういうことが言えるのだ。

「移住すれども定住せず」

平成から令和にかけての移住ブームの顚末とはまさしくそこに尽きるのだ。

自治体であれ国であれ、そうした現実の現象の結果をこれでもか、というほどに突きつけられながら、その原因を解消しようとはしない。

そうした自治体担当者や国政の施策立案者らは、民間データや民間のサーベイランスと称するものを都合よく援用しては、それぞれの施策の合理性と説得力の補強材料として見せるが、この現象の根本的な原因は実は極めてシンプルなところに帰結するように見える。

「住みやすければ定住するが、住みやすくないから定住しない」

この一点である。

そして難しいのが、その「住みやすさ」とは何か、という点であろう。自治体担当者らが理屈をつくり、子育てのしやすさだ、住宅補助の充実だ、就労支援だと、それぞれの施策メニューを充実させる。

だが、現実にも目を向けるべきだろう。

それでもなお、地方からは人口が流出し続けているのはなぜか、という点である。

大事なことを忘れてはならない。

二拠点居住や郊外脱出、地方移住が可能な層は、コロナ禍の前か後かを問わず、もとより地方に行っても暮らせる層、すなわち、持てる層、豊かな層に属するか、比較的それに近い層であるという現実だ。

常に極端な見映えを追いかけるテレビの移住番組での、こんなところに住んでとか、これだけで生活を成り立たせてというのは、あくまでも極端な例である。日本人のなかで、ほぼ絶滅危惧種に近い例を持ち出して、移住希望者である自身と比べたところで意味は皆無である。

移住相談窓口の地方公務員は、若手であれ年配者であれ、まず当該地域の名士であり、すなわち顔役である。若手であれば青年団、消防団と多くの地元サークルで皆が遠慮してみせる立場の者である。

そうした意識の強い者が、本当に新しい仲間を、それも地域の外からの氏素性の想像もつかない仲間を欲しているかどうかは、注意してかからなければならない。

役場とはいえ、人口の少ない場所ほど、個人情報保護やプライバシーなどという言葉や概念がいまだ皆無な場所は少なくない。

移住ブームで想定していない移住者も来る

コロナ禍に限らず、何が背景であれ、ブームというものは、熱に浮かされた人々を呼び込むものだ。

二拠点居住、テレワーク、流れが大きくなればなるほど、これまでの本流とは別の様々な流れを巻き込むもの。

たとえば、従来までの田舎暮らしの本流が、都会での会社員勤めを終えて、余生を静かに木漏れ日のなかで過ごしていこうというリタイア層、すなわち人生を表舞台から下ろして余暇を楽しむ層であったとするならば、コロナ禍前後の新しい流れは、「都会と同じことを田舎でもやってみよう」、あるいは「都会ではもう終わったけれど、田舎ならばまだまだ通用するんじゃないか」という層も呼び込んだ。

地域にとって貢献できる能力を活かすことは素晴らしいことだ。

しかし、いかにもギラギラ、ガツガツした人物が入ってくると、とたんに地域は余生を静かに育む土地から、まるで都会のオフィスビル並みのノルマ社会に変貌さえする。

都会の一線でバリバリやっていた人物が余生を送る覚悟なく、地域活性化でオレこそが先頭に立って、などと決意すると、周囲が大変だ。

そんなとき、もっとも敬遠されるのが、いわゆる外資系企業を渡り歩いてきた、いわゆる〝外資ゴロ〟と呼ばれる人種である。

外資系企業と日本企業とでは、文化の溝はなお大きい。

たとえば、自分だけを、自分の業績、手柄を徹底的にアピールし続けることでしか生き残れない外資系企業に一度でも入った人間を、チームワークや見えない和を貴しとする風土の強い日本企業は徹底的に嫌う傾向がある。

彼らの多くはもっぱら、日々の実績を数字で判定されるために、ひたすら数字をつくり、さらに他人も同じ価値尺度であろうと見なし、その数字をのべつまくなしに押しつけてくることがある。

さる移住人気地に、先頃も外資系企業でやり手であったという元経営者が流れてきた。

できる人間であるという自負が強いほど、余生を静かに暮らす覚悟に至るには時間がかかるものである。地方や田舎のペースがかったるくも見えて、自分の現役時代と無意識に見比べてしまうと我慢がならなくもなるのだろう。

とある人材派遣会社での経験を活かし、移住者の就労支援の職に就いた彼は、やれ前年同月比３００％アップさせた、と、訊いてもいない人間たちにもアピールし始めた。

訊いてもおらず、関心もない、移住者相手にそれをやり、一方的にメールで日々の成果と手柄をアピールしてくるものだから、それを聞かされる移住者らはたまったものではない。挙げ句には、自分の娘は英国のどこどこ大学を出た、なる自慢である。

それが、滑稽であることに、残念ながら当の本人は気づかないのだ。

外資ゴロの中下層の典型ともいうべき同氏は、就労需要の開拓と称しては、実に丹念に移住先の地元企業や地元雇用先を、それこそ新人の銀行員よろしく丹念に歩くのだが、最後は結局、自分の前歴や家族自慢に終始し、実は極めて疎まれていることにさえ気づかず、ひたすらに新天地での〝自己実現〟に走ったのである。

だが、そもそも田舎暮らしをしている人間は基本的には富裕層が多い。決して歳をとっておらず、かつての自分の部下くらいの若手に見えても、都会でいうところの高等遊民めいた人種がごろごろいるのが田舎暮らしである。一見、上下がユニクロで、10年落ちのベコベコのジムニーを乗り回していても、なめてかかってはいけない。

この元外資の移住者は、なんのために田舎暮らしに入ったのかわからないほど、かつてのように猛烈に働き始め、ついには流行の一般社団法人まで設立して、顰蹙《ひんしゅく》を買っていることなど気づかぬままだ。名士気取りで、我こそが田舎暮らしの王道とばかりに、日々、自己実現と紙一重の自慢と自己主張に余念がない。

移住者同士のマウンティング

ブームというのは、かように、従来とは異なる層も引き込むものだ。

そして今、地元集落の外に形成されていた別荘移住地などにはこの手の人間が溢れ、互いに現役時代の話でさや当てし合う、移住者同士のいわばマウンティング現象がそこかしこにある。

そうした隣人が存在する場所では、田舎であっても都会と変わらぬ神経をめぐらすことになり、落ち着かなくなってくる。

二拠点居住やテレワークは、そうした人種をこれまでになく田舎や地方に引き込み、これまで地元民対移住者であった構図に大きな変化をもたらした。

新たな問題とは、「移住者対移住者」という構図である。

地元民対移住者の対立は、いがみ合い、ひがみ、罵り合いで醜いものがあるのだが、移住者対移住者の対立は、すなわちインテリ自信家対インテリ自信家の闘いであり、行き着くところは裁判所ということになる。

成功者が好んで集う場所での都市部のマウンティングが、そっくりそのまま田舎暮らしの地に持ち込まれる。

それが移住ブームによる層の拡大がもたらすものである。

田舎暮らしそのものが目的であったわけではなく、田舎暮らしをしている自分を見せたい、そう見られたいという自己顕示欲の勝った層が加わってこそのブームである。

土地をじっくり吟味するでもなく、物件は土地や人間との相談よりもむしろ、財布の許可次第というコロナ禍での地方移住ブームは、地方における都市部の問題の急速な流入という新しい展開をもたらしている。

だが、そんな彼らを非難するわけにはいかない。財布の力が優越して、無思考に勢いだけで流れる、それがブームの本質なのだから。

二拠点居住者を狙う建設業界

移住ブームに伴い、都会と田舎で生活の拠点を複数持つ、「二拠点居住」も増えてきた。

二拠点居住がブームとなれば、当然、不動産・建設業界が黙ってはいない。大手住宅メーカーが相次いで田舎暮らし市場に参入している。誰もが知る大手が別ブランドを打ち出し、田舎暮らし需要に密着した営業展開がたけなわだ。

かねてから移住人気の高い長野や山梨の山林などは、ここ十年来、かつてないほどの勢いで伐採が進み、山林景観が日々変貌するスピードは、それこそ、紙パルプ需要のために毎日広大な樹木が伐採されるアマゾンの原野の光景さながらである。

あれっ、ここって昨日と同じ道だったっけ、と思わされるほどに、一夜にして森が更地に姿を変えていく。

その眺めはさながら、高度経済成長期に多摩丘陵を開拓して多摩ニュータウンへと変貌させた頃を彷彿させる。

開発するのは、従来の不動産業者やディベロッパーだけではない。

コロナ禍におけるブームは、異業種からの参入も盛んにさせた。もとよりどの業種も売り上げ減少に見舞われており、マスクや医療関連を除けば、唯一ともいえるホットなビジネスになったのが、二拠点居住、テレワーク、といった産業キーワードであったのだから当然だろう。

稼げる場所と稼げる分野に、企業はなだれ込んでくる。

こうした異業種参入組の最大の問題は、勢いだけでの開発のため、地元との信頼関係や地元の意向に対する配慮がまったくないことである。

「法律で許されてるんだからいいだろう」

「所有権があるんだから、どう開発しようが勝手」

しかし、日本の山林はもとより入会権に始まり、その所有権も集落の共有財産として守られてきた、いわゆる「財産区」が設定されていることが多い。

山間部の財産区も、昭和バブルの時期には大規模に売却され、ゴルフ場やアウトレットモールといった商業施設に賃貸されるなどした。

国土の7割近くを山林が占める日本では、国有林や県有林に次いで、古くは入会権などがかぶった財産区が設定されている場所がほとんどだ。

最近の山歩きブームで、登山道が整備されている場所なども、その周囲に看板はなくとも、ほとんどがそうした「所有権の設定されている土地」である。

開発業者が山林開発をする場合、こうした財産区と隣接した土地であることになるが、地元はそもそもが所有権を盾に対話を拒否する業者らに手を焼くことになる。あるいは不文律として守られてきた景観保護や環境保全などの地元の意向にはまったく配慮しない。

異業種参入組はさらに、山林宅地開発のノウハウが乏しく、利益率を追い求めるため、都会でいえば、本来は一軒建っていた場所に、敷地延長で手前、奥と二軒建てるくらいの間隔で都会と同じ密集住宅地を開発しようとする。

自然環境に囲まれた居住環境と謳えば聞こえはいいが、自宅直近周辺は関東でいえば横浜あたりのニュータウンか、関西であれば千里ニュータウンあたりの、緑は豊かだけれども、自宅そのものは都会の造成団地と変わらないものを量産する。

もとより小さく買って、大量に売ることで利益を出そうとする不動産ディベロッパーにあっては、周辺環境も住宅仕様も一点ものの一点住宅では利益が計上できないので、致し方ないのだろう。

しかし、そんな飽きがくる環境でも、参入したからには売り抜けなければいけないディベロッパーは智恵を働かせる。

別荘地域で繰り広げられる「移住者vs移住者」

そんな新規参入組が既存別荘地で一気に開発を進めることで、新しい紛争が急速に広がっている。

それが「寄生別荘問題」とも呼ぶべき現象だ。

田舎暮らしブームとともに、後述するような、各地での移住者排除が勃発した昨今、移住地人気は「管理費があっても、地元集落ではなく、別荘地域が安心」という流れが大きい。そこに、テレワーク移住の機運が到来した。

これまで「売るに売れない」山林を所有してきた地元の土地権者たちはここぞと売り気にはやり、そこに新規参入の不動産ディベロッパーが食いついた。だが、すでに大規模な土地はバブル期に既存別荘地として、あるいはゴルフ場として開発済みである。狙われるのは、既存別荘地のなかに点在する私有遊休地である。

こうした私有地はあくまでも外から見れば別荘地のなかに組み込まれており、地元集落からは切り離されている。こうした別荘地内私有地を相次いで購入している新規参入ディベロッパーによる建売物件が、コロナ禍による都会脱出の追い風で飛ぶように売れていく。

しかも、売り気にはやる不動産業者は「使っていないときは貸別荘として、民泊として運用可能」などと謳う。

だが、別荘地域には、営業事業の禁止を含め、生活環境の保全を目指した規約がある。管理費を伴う除雪作業やゴミ収集もある。

別荘会社が所有する私道の奥にあって、〝私有地〟を盾に無届民泊を展開するそうした業者とオーナーらは、宿泊サイトで宿泊事業を展開するかたわら、管理費支払いの交渉には応じない。

その結果、ある県では「住宅宿泊事業者」として県への必要な届け出を行わない、無届けでの民泊事業が急速に増加しつつある。

そのため、管理費を払わずに、管理費で環境整備された別荘地域で受益生活をする「寄生別荘」が増殖し、これまで田舎暮らしの典型例であった、地元住民対移住者という構図には劇的な変化が生じている。

先に移住してきていた人々が、自分たちが支払っている管理費にタダ乗りする「後から入ってきた移住者」とバトルを繰り広げているわけである。

移住者同士は資力、知力ともに拮抗し、互いに世慣れしているので、やりとりはすさまじい。内容証明の往来を繰り返し、最後はもちろん訴訟勃発まっしぐらである。今のところ、解決例はまだ聞かない。

目の前の景観が一変する恐怖

コロナ禍前から退職後にゆったりとした時間をと考えていた都心のあるご夫妻の例は悲惨であった。

そのご夫妻はまさに、地元集落への移住の問題点を理解したうえで、とある別荘地内に、安心して物件を購入して、週末のたびに来訪しては豊かな自然を楽しんでいた。

しかし、ある週末のことであった。

夜になればフクロウの啼く豊かな森であった別宅の正面は突如として荒涼とした土砂むき出しの風景に一変していた。

ほどなく、週末であってもおかまいなしの土木工事が始まった。

別荘地では週末やお盆や正月などの行楽期における工事は禁止されているはず。急いで別荘地の管理会社に駆け込むも、判明したのは悲惨な事態だった。

別荘地だから規約もあって安心と思っていたその地域のなかで、目の前のそこだけは管理会社の所有地ではなく、民間の土地であったのだ。ディベロッパーはその土地を購入し、開発を始めたのであった。

事実上は別荘地域内でありながら、私有地であることを盾にそのディベロッパーは管理会社との話し合いにも応じず、好き勝手な工事に好き勝手な開発を進めることとなった。

周辺が緑に囲まれているほど、それは「開発の余地」があることになり、そこが自身の所有地でない限りは、こうした景観一変、環境一変の事態に見舞われることを覚悟しなければならない。

こうした事態に見舞われるほうも悲劇だが、これはこのご夫妻だけでなく、新たにこうした新興宅地に越してくるほうにとっても悲劇である。

未曾有の開発ブームに沸く山林には今まさに、地元所有者による「カネになるタイミング」が訪れた。

今まで売るに売れず持て余していた山林が、まさにカネのなる木に変貌したのだ。この機を逃さない手はない。

皆、素晴らしい景観と立地と、環境を買うかのごとく手に入れた物件が、次の瞬間には、その〝買ったはずの環境〟が一変するという地獄の憂き目にあうのだ。

この憂き目の連鎖は、周辺すべてが自身の土地ではない限り、いつでも起きうる、常に身近な危険である。

移住ブームである以上、開発は続くのである。

高齢・一人暮らしの移住が増えている理由

盛況な移住ブームは、新しいニーズを生み出したようだ。

別荘物件や空き家の売買をする、ある不動産業者が言う。

「おかげさまで物件の動きは活発です。ただ、ちょっと妙というか、おもしろいというか、移住の傾向がちょっと変わってきているんです」

今や、移住に適した物件はピンキリで、上限もないが、下も限りなく低くなっている。底値ならば２００万でも戸建てが購入できる。

「そのせいでしょうね。次々に売れていくんですが、いざ引っ越しとなると、息子さんやその父親とで都会を何度かピストン輸送しているんですが、その後がですね……どうも住んでいるのがお婆さんだけ、が多いんですよ。お爺さんだけよりも、お婆さんだけが圧倒的なんです。ここのところ、立て続けに、売買が終わると、そんな展開が多いんです」

女性一人での移住は決して少なくない。だが、今回は少々事情が異なるようだ。

「女性お一人での移住でも、だいたいがやっぱり80歳以下ですね。それ以上になると、一人で生活することそのものが大変になりますから」

だが、今、移住する者のなかには90歳前後の老婆と呼ぶに相応しい人々もいる。

背景は複雑だという。

「どうも、東京や神奈川など都会では特養に入れないと、じゃあ、田舎暮らしでもさせようか、ということになっているようなんです。実際、認知症とまでは診断されていなくても、お話をすると、お一人で暮らしていけるのか不安な方が多いんですよね。でも、都会の施設は高いうえに、入れる経済力があったとしても順番待ちがひどくて、待っている間に死んでしまうくらいで見通しがつかないんです。そこで施設に入れるよりはぜんぜん安くて確実な別荘物件を購入して、お母さんに転地療養よろしく老後をと考えているようですが、ちょっとこれが……」

この特養代替まがいの別荘地購入は一気にニーズが高まっているが、同時に、トラブル、それも生活者自身に起因するトラブルが急増中だ。

「そもそも、車もないまま置き去りにされると、買い出しができません。今は別荘地のなかにも生協が配達に来ていますから、仮に食べ物は大丈夫だとします。しかし、冬場は石油ヒーターが必要なので、ポリタンクに灯油を入れなければなりません。これも玄関までは地元の業者が来てくれます。しかし、20リットルもの灯油タンクを80代の女性が一人で運ぶのは無理なんですよ。それこそ、持った瞬間にやれ転倒だ、骨折だで、致命傷になりかねません。男手がないと無理なんですよ。田舎暮らしはだからこそ、自分よりも若い者との同居か、息子や娘が近くに住んでいなければ、とうていできないんです。お一人様には厳しいのが田舎暮らしなんです」

さらに、こんな事件もまれに勃発する。

温泉好きが昂じて、地元の温泉に行くが、そこは地元住民の常連客で溢れている。なにかと縄張り意識の強い地元住民の間に、年寄りが腰低く入っていくことには困難が伴う。ともにお年寄りなのだ。いたわられて当たり前、という意識が働くのだろう。

しかし、地元民にとって、同じ年寄りでも移住者はあくまでも新入りだ。

「この間は、着替えをする場所で、ワタシの席に座ったか座ってないかで、女性なのに地元の女性にほおをはたかれちゃって」

温泉くらいが楽しみの老後の田舎暮らしで、彼女は最寄りの温泉にさえ通いづらくなってしまった。

「温泉一つとってても、地元民と移住者との軋轢はすさまじいですから。そもそも地元民同士であっても、違う集落から来た入浴者には浴槽のなかに入れようとしなかったり、わざと座る場所を詰めたりと、陰険なせめぎ合いをやっているわけですから」

それを知らずに、温泉だけが楽しみと、日常の苦労をあえて耐え忍んで田舎暮らしをしている老婆がやってくると、思わぬ悲劇に遭遇することもある。

別荘地ならば管理事務所があるから、と考えるのも早計だ。

お金さえ払えばたいていのことはやってくれる管理事務所であっても、生活の隅々まで面倒を見てくれる介護ヘルパーではない。そもそもそういう技能を持った人間をスタンバイさせているわけではないのだ。

「部屋のなかで転倒していても助けも呼べなければ、事故があっても知る術もないわけです」(従業員の一人)

そもそも、田舎暮らしにおいても、家政婦を雇うかのごとき、それだけの支出に堪える経済力のある老婆は、都会に近い富裕層向けの特養や施設に入居できているのである。

田舎暮らしならば、と山追いさながらに息子や孫に車で移送されてくる老婆らは、ほとんど生活に余裕がないという矛盾を抱えている。

田舎暮らしならば安くあがるし、気も紛れるはず、という根拠なき移住が急速に増加しているのだ。

ひと頃、「孤独死対策」に追われた行政にとっても、新たな悩みが増える。

「90歳近いおばあさんが、スマホなどいじれないんですよ。らくらくホンでさえ、あれどこに置いたかな、どこに行ったかなで、もはや緊急連絡手段の記憶さえあやうい人間を山小屋に置き去りにして、家族はいったい、どういうつもりなのか」（民生委員の一人）

だが、安ければ２００万からで、田舎で小さな家が手に入る今、当てのない特養入居の順番を待ちながら都会でイライラを募らせているよりも、家族にとっても、まさに安上がりで手っ取り早いのが、老婆のお一人様田舎暮らし、というわけだ。

かたくなな高齢移住者が「限界生活者化」する

これには生活者自身の問題もある。

プライバシーを死守することには極めて神経過敏な、都市生活を経た移住者は、認知症の症状が激しくなったあとも、移住先での保護や見守り、さらには民生委員らのケアが極めて困難だ。

私の生活に決して立ち入ってくれるな、という結界さながらの移住生活の末に、認知症の症状が進行すれば、最終的には自分自身の首を絞めることにもなりかねない。

だが、地元不動産業者の懸念をよそに、すでにそこかしこにそんな限界集落ならぬ「限界生活者」が立ち現れているのだ。

そんな高齢者にしても、予め隣人関係を築いていてくれればまだ話は別だが、彼ら彼女らはやはり最後まで「かまってくれるな」なのである。しかし、必要なときは「すぐに助けに来い」なので、たとえ管理事務所のある別荘地でも、扱いは厄介だ。

物理的、身体的な限界状況にくわえて、老齢ゆえの頑固さ、頑迷さが、日常の善意でのヘルプ介入をさらに困難にさせてしまう。

この新たなニーズ急増を商機と喜ぶべきかは、迷うところだろう。なぜならば、当の管理事務所や不動産会社でさえ、負担に見合った報酬が得られにくいからだ。

とはいえ、人道的には助けざるをえない。なにかと頼まれれば引き受けざるをえない。しかし、カネはないと言われればそれまで。だが、手伝わなければ時に命に関わりかねない。結果として、無報酬での生活ケアが求められ、人手も時間も割かれてしまう。

とりあえず不動産の売買契約が増加することは何よりも歓迎せざるをえない業界や地域としては、「85歳以上不可」や「お一人様移住不可」の看板を掲げるわけにもいかず、ひたすらに物件成約のためには、売れるときに売れる者に売らざるをえないのだ。

くわえて、こうした「限界移住者」が増加する田舎暮らしの田舎道では、超後期高齢者が運転する自動車に気をつけなければ、こちらの命がない。

なにしろ、運転席に小さく埋もれてしまった彼らの視線からはサイドミラーはおろか、フロントガラス越しの対向車線との距離感覚さえ危ういからだ。

そんな彼ら彼女らとのすれ違いでは、いきり立ったクラクションさえ鳴ることはない。もはや、クラクションを押せるほどの腕力さえ、残っていないからだ。

田舎暮らしに増加するお一人様移住高齢者を見かけたら、そっと見守り、車からはすっと離れる。それが我が身を守る術となる。

田舎暮らしの不動産業者らも戦々恐々だ。

「ゴールデンウィーク明けはまさに物件成約がピークを迎える書き入れ時ですよ。ただ、その後に、間違いなく、老婆お一人が、息子や孫の車で移送されて置き去りにされていく光景も増えるわけですからね。困惑するというよりも、気の毒というか……」

田舎暮らしにかこつけた、新手の「介護放棄」が新しい流れになってしまうとすれば、不憫な限りであろう。

移住者増でデリヘルにも新潮流が

先ごろ、散歩中に微笑ましい光景に出くわした。

森の道には似つかわしい、「ありがとー。また呼んでねー。来週かなー？あははー」という珍しい黄色い声が聞こえ、ある宅の扉が開いたのだ。人けの少ない山中ゆえの、他人の存在を意識しないはつらつとした声は余計に伸びやかに、私の耳に届いた。

そこはいつも、初老の男性がひとり移住し、黙々と薪を割っている、いたって健康そうな別荘住宅であった。自宅の前には確かに、見慣れない軽自動車がもう一台、止まっていた。

こんなところに若い娘が、と驚いた私は思わず、声のほうにまじまじと顔を傾けると、目が合った女性は瞬間、顔を伏せた。まるで上司とラブホテルを出た瞬間に同僚に姿を見られたＯＬのような、一瞬にして表情を豹変させたその振る舞いと、先に聞こえたまるで六本木のキャバクラの見送りのような声とが、都会の記憶を甦らせる。

これは……、出張風俗がこんなところにまで来るのか…。

急ぎ、インターネットで検索し、客を装い電話をかけると、なるほど、別荘地への出張は可能などころか、むしろ増えているのだという。そうした都会からの客層に合わせて、あるところでは、東京からの女の子をそろえているともいうではないか。

移住者の増加に伴い、地方の風俗業界にまで需要の変化をもたらしつつある。

ある業者が言う。

「うちは東京の第一線でやっていた女の子もいます。夏場だけですけどね、こっちに住み込みで来てもらっています。前はAVに出ていた子もいました。今は東京も激戦で、客がつかないことが多いみたいなので、むしろ地方のほうがいいんですよ。こっちでは、東京の子っていうだけで人気がありますからね。それに別荘地の人は地元と違ってマナーはいいですからね。女の子たちも嫌がらないですよ。店としては関与しませんけど、結構、チップも悪くないらしいですよ。だから、女の子たちもなかには個人で契約したりして、店を通さなくなっちゃう子もいるんですよ。でも、こっちも部屋を借りて東京から女の子を呼んでますからね。ある本数以上ならばバック率を上げるからって言って、必ず個人営業はしないようにしてくれって言ってます。基本は送りつきですけど、ラブホとかじゃなければ自分の車で行きたいっていう子も結構いますよ。そっちのほうが、どこにいても電話受ければすぐに急行できるから楽みたいですよ。とにかく東京ブランドの女の子は人気ですよ。やっぱ、きれいですからね」

第2章

地域・物件選びで見る地獄

85歳のおばあさんでさえ「よその者」

A県の高級別荘地に隣接するある集落では、かつて隣の集落から嫁いできた85歳を超えた老婆でさえ、公共の場所での扱いは「よその者」である。

この老婆は、移住した直後に集落で初めに我が家の戸を叩き、初対面でこう告げて私を驚かせた。

「みんな、口はわりいけど、その場限りとこらえるんだ。とにかく、言葉を返しちゃなんねえよ」

なるほど、老婆の振る舞いはまさにその言葉通りだった。ゲートボール場でも相槌以外は返すことはない。お茶菓子を前にしての歓談の席でも、ひたすら笑顔を絶やさぬだけで、決して自身から言葉を発することはなかった。

嫁いで半世紀を優に超える、こちらから見ればれっきとした地元住民でさえ、意見を述べることさえ憚られる現実を目の当たりにした。

こうした文化・習慣が延々と続いている場所に移住するうえで、「居住10年」がどれだけの意味を持ちうるのかは想像できよう。

B県のある集落などは「3代続いて、初めて村人として認められる」（当該地域の住職）のだ。

移住の背景にある、語られざる風土・習俗をいかに移住者に伝え、納得してもらえるのか。実はそこが移住奨励の制度以上に、受け入れ自治体側が準備しなければならない点かもしれない。

東京近郊の移住希望者にはこう勧めている。

「港区広尾の有栖川宮記念公園のなかに東京都立中央図書館がある。そこに行けば全国の町村誌がすべてそろっているフロアがあります。移住希望地が浮かんだら、まずはその当該町村誌の『民俗編』を開いてみたらいかがでしょうか。古いものであればあるほど、その土地独特の習俗や歴史が意外なほど生々しく載っていますよ」

太陽光パネルという思わぬ落とし穴

南側が開け、陽当たりがよいのが優良物件の条件だが、すると移住にかかる費用は数千万円かかる。永住希望であれば、60歳で退職してからも向こう20年は居住することを考え、やはり、状態のいい物件で安心を求めるもの。

そして、なんといっても、都会のマンション暮らしで見飽きた、眼下の国道と光化学スモッグから解放された、抜群の大眺望である。

「そんな、終の住処を買って、しばらくしたら、目の前に太陽光パネルがっていう苦情がですね……」

と、ある市の地元不動産業者は苦笑する。苦情の増加とともに、不動産業者らは、市役所へ駆け込んだ。

「寝耳に水とはこのことでした。やっぱりこちらに来る人はこの眺望、景観を買いに来るわけですから。しかし、仲介したら、ほどなく目の前に太陽光発電のプラントがっていうことになったら、今後、仲介したほうが知らなかったのか、説明しなかったのかと、トラブルになりかねないと思ったんです。これは早く、どこに発電施設ができるのかを把握しておかないと、将来的に必ずトラブルになると……」

しかし、これには地元自治体である市役所そのものもなす術がない。この市の担当者が嘆きまじりに、解説する。

「規制緩和の影響で、太陽光発電パネルの設置は、建築基準法上の規制から外れてしまっていたんです。ですから、パネルの設置が我々行政の喉元をまったく通らずにできるようになってしまっていました」

しかし、そもそもの疑問がある。この市は「太陽光発電実証」などと大きく謳っているのだ。そのため、自然エネルギー普及を行政施策として展開していると思っていた。

が、さにあらず、と担当者は言う。

「いえ、決してそういうわけじゃないんです。市として推進しているのは、あくまでも戸別住宅の屋根に載っている自家用のもので、こういう野建ての売電施設の設置を推進しているわけではないんです」

当の自治体も頭を悩ませているのは、野建ての売電プラントなのだ。

現在、この売電施設としての事業認定は、代理申請を請け負う特殊法人を通じて経済産業省に申請し、業者らは経済産業省から直接に認可を受けるかたちだ。

経済産業省は認可した件数を地域ごとには公表するが、認可場所は「個人情報保護やコンプライアンスを盾に」(市担当者)、地元自治体にさえ頑として明かさない。常々、何を問うても個人情報保護を常套句に門前払いする自治体にもなす術がない、皮肉な展開と言えよう。

経済産業省から事業認可を受けた場所こそが、移住民にとっては「地雷」となりうるのだが、地元業者らが不動産斡旋に当たって、そうした地雷を把握しておきたいという気持ちはよくわかる。ゆくゆくは眺望訴訟、景観訴訟ということにもなりかねないからだ。

では、経済産業省が認可場所を公表しない以上、いったいどうすれば地雷を特定することができるのか。

本来は、課税情報からのアプローチが可能なはずだった。

売電設備には固定資産税がかかってくるので、課税場所と課税件数から、売電設備の実態などを追うことができる。

しかし、これにもハードルがある。地元自治体のなかでも、税務情報を課税目的以外の情報に流用すれば、問題が生じる。たとえば、この市であれば、固定資産税の情報を扱う税務課から、太陽光発電を所管する環境課が情報共有することにはためらいがあるのだ。

そのため、現在は、「職員の見回りや巡回などを把握の一助にしている」（市環境課）のが現状だ。それでも把握できるのは、設備が設置されたあとの場所である。冒頭、市の担当者が嘆いたように、地元自治体は、売電の事業認定の現行手続き上は、後手でしか、対応できないジレンマがある。

建築規制がある場所に住め

それにしても、こんな地雷はこの自治体だけでどれだけに上るのか。

頭を悩ませながら実態把握に奔走する、ある地元不動産業者が声を潜める。

「認可数は市内だけでおよそ４０００件あります。そのうち、これまで実際に設置されたのはおよそ500件。つまり、これから設置される可能性のある場所はその残り3500件あまりということになるでしょう」

もちろん、事業地として賃貸借契約を結んでいる地元集落は当事者としてある程度は把握していよう。

ただし、この自治体の面積はかなり広く、そこにきて3500件となれば、いちいち集落を訪ね歩くだけも、メドの見えない話になる。これでは、移住希望者への対応で商機を逃してしまう。

移住希望者側も、物件や候補地を定めたら、南向きの眺望の範囲で、事業認可地であるかどうかを細かくヒアリングして調査する必要がある。

「でも、そんなことをしなければ、と言ったら、みんな来なくなっちゃう」と、不動産業者の嘆きは現実的だ。

つまり、パネル畑の地雷を踏まないための実態把握は、現状のマンパワーでは、限りなく不可能に近いのだ。

自然エネルギーブームの今だからこそ、移住地選びでの対策は次のものが考えられる。

◯土地を購入して住居を建てる場合は、できるだけ南向きの眼前を広く開けること

↓土地境界ぎりぎりに建物を建てると、まさしく眼下に太陽光パネルがぎらぎらと反射することになりかねない。

◯南向きにある程度木を残し、林のなかの立地での建物共生をはかること

↓もし、南向き開口部にパネル畑ができた場合でも、木々がかなり緩和してくれる。

◯建築規制のある場所に住まうこと

↓これは実は私自身が実践しているケースだ。高原から、新たに移り住んできたのは、いわゆる別荘地域である。

別荘地域では、建物の建築に当たって、細かな建築規制がある。一見、わず

らわしいように思えるが、これが地雷の防御装置として、意外にも効果的だ。

つまり、規制域内であることは、見方を変えれば、のべつまくなしの開発から、逆に〝守られている〟とも言えるのだ。

隣家との距離が近く、狭隘地《きょうあいち》に密集する都会では建築規制はライフスタイルを制限しかねない、わずらわしさ以外の何物でもないが、各所で勃発し始めたパネル畑騒動を前にすると、自然の多い田舎暮らしでは、規制は建築仕様を「制限するもの」ではなく、田舎暮らしを「守る武器」になりえるのだ。

移住者の利益と地元の利益はイコールではない

実は、地元住民や地元経済にとっては、新規移住者の都合を考えるよりも、太陽光発電こそを商機と捉える向きもあるので、パネル畑騒動はなにもこの市だけの問題ではなく、全国に拡大する可能性がある。

景観・環境保護派と、商機・開発推進派の2つの流れができるのは、全国ありきたりの光景だ。

某自治体が洩らす、「景観保護というのは、行政だけではできないもので、やはり地元住民あってのものですから」という事情の裏には、ここを商機と見る、太陽光発電に乗じた土地ブローカーの跋扈《ばっこ》と、やはり経済的な潤いに期待する賛同集落や地元民の存在がうかがえる。つまり、「野建てパネル」は、民意が推進しているのだ、ということになる。

これは、ここだけの話にしてくださいよ、とある地元議員が声を潜める。

「苦情が寄せられるっていうのは、たいがい、別荘に住む人とか、移住してきた人たちからで、地元では、むしろいいじゃないかという声が強いんですよ。別荘の人たちだって年間ほんの数日しか来ないでしょう。別に地元に貢献するわけじゃありませんからね。確かに、永住する移住者が増えてきているのも事実ですが、彼らだって、地元の商店をひいきにしてくれるわけじゃない。なにしろ、もう地場の商店そのものがほとんどなくなっちゃってるんだから。買い物はみんな近隣自治体の大型スーパーですよ。別に地元を潤わせてくれるわけでもない新住民の利益だの、目の保養だののために、何を我慢しなけりゃいけないんだ、というのが本音なんですよ。おたくさんも、逆の立場ならばそう思うでしょうよ」

こんな本音を裏付けるように、太陽光パネルがある近くの市の保険代理店は、にわかなブームに見舞われている。

「太陽光発電の施設は、それなりに高額なので、火災保険の契約が次々にあります。我々も嬉しいですよね。東京の業者、横浜の業者との契約が相次いでいます。周辺の自治体にもよく出向きますが、最近では住宅よりも太陽光発電のほうが、契約数は多いくらいです」

まさに、未曾有の太陽光ブーム、ここに極まれりだろう。地元にとっては、遊休地が太陽光パネルで甦る、まさに打ち出の小槌となっているのだ。

これでは、苦情に耳は傾けども、行政側も、軽々に規制にまでは踏み切れないというもの。カネを落とさない新住民と、昨日までの野山をカネに変えるパネル畑では、地元の歓迎度はおのずと明らかになろうというもの。

保険代理店の社長はこうも教える。

「じゃあ、誰が東京や横浜だの業者にこの土地があるよ、と教えているかということですが、実際にはね、地元の不動産業者やブローカーが積極的に斡旋してるんですよ。そりゃ、商売ですからね。だから、反対だ、景観だっていったって、なにしろ地元業者が積極的にやってるわけですからね。それで、首都圏で太陽光パネルに出資している人たちっていうのは、それはもう、様々ですよ。国売電は今まだ買取価格や制度の変更がいろいろ取り沙汰されてはいますが、国や東電が補償している、半ば公共事業の感覚ですから。安心、安全な投資案件として都会の投資家には受けがいいんですよ。それで、利回りが10%だ、15%だって言われたら、誰だって乗るでしょうよ。誰も銀行になんかカネを預けませんよ」

なるほど、太陽光パネルの増加の流れは、地元から湧いているようにも見える話なのだ。

移住サイトではわからないこと

インターネット時代の今、田舎暮らしブームでの物件探しを支えるのが「移住サイト」だ。ある自治体では、移住問い合わせの9割近くがある移住サイトを経由してというほどの人気サイトもある。

移住サイトによっては、アクセスすれば、移住したい先の空き物件が地域ごとにわかるばかりか、民間保有の物件でも、各市町村が窓口になっているため、半ば公共サイトとして認知され、信頼度の高いものもある。

市町村の窓口の多くは観光課や地域振興課なので、電話をかければ、物件を保有する業者への紹介だけでなく、それぞれの地域の暮らしぶりや生活環境などの情報を教えてもらえるのが強みだ。

いずれは農業をと考えていた40代のKさんはある移住サイトから知ったC県のある村に新天地を求めた。

人口1000人弱のその自治体には、移住サイトで物件があることを知り、春、夏、秋と何度か訪れた末に、村役場の担当者らからも話を聞いた。役場では就農したい者にはその斡旋もしてくれるという話だった。

「移住希望というと、実に懇切丁寧でした。役場の車で空き物件をそれぞれ案内してくれただけでなく、教育長といった立場の人間までもが、村の歴史などを自ら丁寧に教えてくれて、谷間の山村なのに、実に人情味溢れていて安心できました」（Ｋさん）

役場ではさらに、移住サイトには掲載されていない、村営住宅も案内してくれ、Ｋさんは結局、戸建てではなく、「二戸いち」と呼ばれる、いわゆる二軒長屋に転入する。

転入に際しては、それまで住んでいた自治体から発行される収入証明書や課税証明書、そしてそこから、住民税の滞納がないかなどの書類を提出し、さらに２人の保証人をつけて、入居が認められた。

村にはほかにも、メゾネットタイプの、都会のマンション並みの設備が整った新築の村営住宅があり、そちらへの入居も勧められたが、「村に縁のない者が、いきなり村でもっとも新しい村営住宅に入居するのはさすがに気がひけた」ため、強く辞去して、村でももっとも古い、山の上の「二戸いち」への入居を決めた。

ほどなく、〝洗礼〟は始まった。

「村の人たちと仲良くなりたいと、ゲートボールに参加したのですが、まだ40代だった私はそのなかでも最年少でした。自己紹介をした直後、彼らから初めてかけられた声が、あんた、学校はどこ出とる？　でした。質問攻めはそれを機に、親兄弟の仕事から何から、プライバシーのあらゆることに及んできました。もちろん村の人にとっては、こちらはどこの馬の骨かわからない不審者でしょうから、信頼関係を得ようとできるだけ丁寧に、丁寧に答えていたんですが、すぐに不思議なことに気づきました。相手の家族のことやプライベートなことには差し障らないであろう、一般的なことなんかを訊いても、村の衆は決してこちらが訊いていることには一切答えないんです。露骨に無視です（苦笑）。あれっ、と思ったんですが、村の駐在さんのところでいろいろ話していると、どうやら違うようなんです」

すでに定年を迎えた村の元駐在がこう説く。

「同じ土地の人間でも感じるのは、村人は、決して自分のことはしゃべらない。とくに人前では絶対にしゃべらない。だけれども、村の人一人が知ったことは、それこそ瞬時に村をめぐってる。インターネットよりも早いくらいだよ。とにかく、相手のことは訊いて訊いて訊きまくる。でも、自分のことは絶対にしゃべらない」

元駐在はそう教えて、昔の村内の広報誌を見せた。住民の一人から投稿された「井戸端会議」なる記事には、陰口をいましめると同時に、こうも書かれていた。

「それと共に自家の吹聴はしない事と、よそ様をほめて居れば決して間違いも不和も起きないが、自分で自分をほめると聞手の方ではおだやかならざる気持になってそれが人から陰口を云はれる原因にもなるのであるから口まで出かかった自慢でもグッと飲み込んでさえおけば万事無事である」

元駐在は、自分のことは絶対に語らない、それが小さな集落での和を保つ秘訣なのだろうと、そう教えるのだった。

こういった地域事情は移住サイトではなかなかわからない。

移住者向けパンフレットには載っていない「地域事情」

かつて炭鉱の町として栄えたD県のある地域は、炭鉱閉山後、地域振興の名目で、政府による多くの補助金が注がれたことに加え、圏内の高速道路網の充実や、経済都市である某政令指定都市とのアクセスも良好となったこともあり、移住者も順調に増え、昭和末期の暗さは薄まりつつある。かつて炭鉱住宅が建ち並んでいた旧産炭地域は今、続々と宅地造成されている。

もちろん、「人気」に嘘はないが、一方で見落とされがちなのが治安面の実態だ。「負のイメージ」である治安や犯罪発生状況については行政側から積極的に情報提供されることはほとんどなく、その実状を知ることは容易ではない。

国道沿いを眺めれば全国と変わらない飲食チェーンやパチンコチェーン、ショッピングモールが展開していても、地域事情までもが同一の光景とは限らない――。見落とされがちなのはこの点だ。

「新旧の住民構成が急激に変化した場所や、急速な地域環境の変化に見舞われた土地では、極端に走った犯罪が時に起こることも少なくない。同時に、程遠い治安状況の実態が、公表されている犯罪件数にすべて表れているわけでもない。地方では、詐欺や傷害をはじめ、本来であれば殺人未遂の重大事件として立件されるべきものでも、警察署が地域事情を考慮し、事件化、送検せずに処理しているものも多い。狭い社会、地域の紐帯《ちゅうたい》の強い地方社会では、立件、検挙しないことでその後の地域の安寧を保つことに寄与する場合が多々あるからだ」（元県警職員）

もちろん、住んでみなければわからない細かい地域事情は、D県に限らず、全国どこにでもある。そうした事情は、やはり土地の出身者などに、地域の成り立ちの歴史的な経緯を含めて細かく訊ねるしかない。

表向きはきれいに区画整理され、新興住宅地として整備されていても、その住宅地を囲む〝土地柄〟や〝地域事情〟は、決して不動産会社や行政による移住促進パンフレットからでは見えてこない部分である。

移住先の土地を自ら訪れてみることが大切なのは言うまでもないが、それにくわえて、その土地から「出ていった者」を探し、話を聞くことも肝要だ。

さらに、地域特性がソフト面だとすれば、移住先住居などハード面にも事前の心配りが必要になる。

今でこそ交通や通信網が発達して情報のタイムラグはほとんどない。しかし、肝心なのは、同地出身者にしかわからない地域事情や歴史的な背景だろう。

「通勤時間帯を除けば電車は1時間に2~3本、都市部から離れているので娯楽も限られている。だから今でも成人前に結婚や出産する若者もめずらしくありません。そういう土地柄です。物足りなさを感じて都会に出る若者も多い。私もその一人ですね」

同地域出身で関東在住の50代男性はそう話す。

さらに、同地域を含む旧産炭地域では、かつて地下各所に張り巡らされた炭鉱採掘用の地下坑道がしばしば陥没する。新築住宅であっても、わずか数年のうちに襖や扉が閉まらなくなることも多い。地下深くでかつての坑道が崩れると、地盤そのものが自然沈下するためだ。

「地元住民じゃ、そんな話は織り込み済みでトラブルにはならないが、知らずに外から入ってくると、施工不良だ、欠陥住宅だ、とトラブルも多い」（同地域の開発業者）

そんな話も、やはり移住者向けのパンフレットには「載っていない話」になる。

売れ残っている物件には理由がある

最近のカメラはよくできている。細部にわたって誤魔化しがきかないほどに粗が写り込む一方で、選挙ポスターや芸能人の写真同様、粗を消すソフトや技術もかつてないほどだ。

不動産業者のなかには、こうしたソフトを使って現況以上に内部や外部をよく見せたり、傷みを隠したりしたうえでネット上に写真を展開しているところもある。

そもそも、中古物件であれば、家屋の傷みは外からは決してわからないものである。その場を訪れ、その場でそれこそ床下から柱の根本までなめ回すように見なければ、とうてい把握できないことはいくらでもある。

築年数ではその傷み具合が決して把握できないのが、田舎の家屋である。

家屋だけはその土地の気候や風土を一般論から眺めてはいけないのだ。

日照時間は日本有数で、湿度も低くて雪も少なめ。

どの移住人気地の役所や不動産屋でもそんなことを謳ってみせるのだが、それはすべて「一般論」でしかない。

家屋や土地にはすべて、その場所固有の「個性」があるのだ。

同じ山裾や山里でも、その場所だけはなぜか北風ばかりが強く吹き込む土地もある。そうした土地では、築年数が浅い家屋であっても、その傷みは築年数の何倍もの深刻さであることもあるのだ。

そもそも、中古物件として手放されている事情も根深い。

オーナーの死去や高齢化以外の理由で、新築でありながら手放す場合などにも注意が必要だ。

築浅で手放す場合には、「よほどの事情」があると疑ってかかるべきである。

第3章

生活費で見る地獄

地方移住の盲点——生活コストが意外とかかる

移住者にとってもっとも不透明な部分は、地方移住における「生活コスト」という経済面にほかならない。働き盛りの就労世代や子育て中の移住であればなおさら。退職後の隠居移住であっても生活コストの試算は欠かせない。

ただ現在、自治体が担う移住相談の窓口は地域振興を扱う部署が主体。そうした窓口で案内されるのは移住促進の支援メニューがほとんどで、定住するうえでもっとも大事な「生活コスト」の具体的な案内はほとんどなされていないようにも映る。

これもまた、移住者らにとっては住民票をかの地へ移してから初めて気づかされる「こんなはずではなかった」という不満の一因にもなる。同時に、自治体側が悩む「移住すれども定住せず」の遠因ともなっている。

地方移住者の生活コストはどれくらいになるのか——。

ある山間部の地域を例に考えてみよう。

まず、夏場は冷涼な地域なのでクーラーなどは要らないが、それゆえに冬場のほうが光熱費はかさむ。かつ、そうした冷涼な山間地域では、夏よりも冬の期間のほうが長い。

これも移住者に含みおくべきことだが、こうした点をパンフレットに記載している自治体はまずない。地方では「常識」でも、都会からの人間はまず、そうした生活コストの上下動さえ想像がつかない。

また、地方では冬だけでなく光熱費がかさむ。都会に比べると寒暖差が大きく、電気・ガスの使用量は跳ね上がる。なかでもガスは地方ではプロパンガスが主流なので、都市ガスの価格と比べるとかなり高額。下水道が完備されていない地域が多いため、浄化槽を設置する料金も見積もっておく必要がある。

自宅での燃料費は、プロパンガスの利用料は自由化によって値下がり傾向にあるとはいえ、基本的には都市ガスよりも数倍は高い。

一人住まいでも、毎日自宅で風呂に入り、調理をし、食器を洗うなどすると、冬場はひと月の請求額は約２万５０００円にものぼる。さらに、夜間の電気ヒーターやコタツなどで電気代は1万円ほどかかることもある。

そのほか、地方では車が移動の足になるので、ガソリン代も欠くべからざる必要経費。

山間部では傾斜があるため燃費も悪くなり、さらにガソリン代がかかる。山間地域は都市部の平坦な道路とは異なり、基本的には坂道の上り下りなので、燃料消費は都市部よりも1・5倍ほど余計にかかる。

月に5回ないし6回ほど満タンにすると、最低でも5万円強の負担となる。さらに2年に一度の車検で10数万円がかかる。

信じられない保険料

ある40代の移住者に、移住して数ヶ月後、村からの国民健康保険料の徴収告知が届いた。

「なんと、それまで暮らしていた東京都内の実に5倍強でした。毎月の健康保険料と介護保険料を合わせると5万円を超えていたのです。保険料だけで単純に60万円近くになったのです」

これでは、やっていけないと思い、その移住者はその通知を手に、村役場に駆け込んだ。

「これは私も想像以上だったのですが、国民健康保険は、自治体ごとの収益で運営されているので、当然、人口の少ない自治体ではプールされる額が少ないので、一人当たりの負担が超高額高率にならざるをえないんです」

都会では年収300万円にも満たない、〝ワーキングプア〟な収入でも、過疎自治体に転入してしまえば、そんな状況が待っているのだ。

年齢的にはまだ働き盛りにある先の40代の移住者は別としても、前年まで会社に勤めていた、定年後のサラリーマン移住者はどうなのだろう。夫の退職を機に、山村に移住したある夫婦が言う。

「実は、過疎地域の健康保険料は地獄の出費だと、先に移住した友人から聞いていて、とにかく保険料は前年の収入で算定されてくるので、都会でサラリーマン生活をしていた人なら、まず間違いなく徴収額の上限にいってしまいます。

ですから、退職したあとも2年間は会社の社会保険を利用できる制度を利用して、緩衝期間にしています。翌々年になって年金の収入での算定になれば、ほぼただ同然ですから」

現在、自治体ごとの収支で運営されている健康保険料は、年収の多寡に関係なく、徴収額の上限は全国一律で年間80万円と決まっている。しかし、都会では1000万円近くなければ上限に達しないが、地方では300万円未満でも徴収上限額に達してしまうこともある。

移住者側としては収入が減ったとたんにほぼ上限の保険料を払わなければならなくなるのは大きな負担だが、自治体にとっては、移住者を積極的に受け入れる本音は、このあたりにある。

いわゆる町内会長にあたる、ある区長はこう言う。

「俺なんかは、農家の次男坊だったから東京に出てホテルの支配人やめたあとUターンで戻ってきたけど、もう驚いたよ。入れ代わり立ち代わりだよ。移住はいいけど、定住しないんだよ。村ももう少し、定住しないのはなんでかを考えたほうがいいよな。１年いれば長いほうで、数ヶ月で出てっちゃうのがざらだよ。俺なんかもね、村に帰ってきてすぐこう言われたんだ。おい、おまえさんざん東京でいい思いしてきて、歳とったからって戻ってきて、俺たちのカネで暮らすのかって。結局は、カネの話ばっかり。もう、息が詰まりますよ。今でも１ヶ月に１回は後輩に連絡してホテルの部屋をとってもらって東京に出てますよ」

空気がいい、風光明媚で人も少ない、そんな都会に疲れた移住者に人気なのは、どうしても市街地ではなく、山間部の過疎地域になる。しかし、そうした地方の自治体が移住者に期待するのは、決して人口増ではなく、村への実入り、つまり税収増への期待なのだ。

だがその期待の一方で、年金生活者や就農希望者など、地方に来る人間たちは、大きな納税余力を持っていないという現実がある。

絶対に移住で喜ばれない「年金生活者」

ある現役村議が力を込めて、こう主張する。

「まったく、年金もらってる連中ばっかり来やがって。これじゃあ、なんのための移住促進かって、役場にはよく言ってるんだ。年金の人間が来たって税収が増えないわけですよ。高齢者の医療費がすさまじくて、もう村の財政ではやっていけないんだ。うちの村なんかは、本来はやってはいけない一般財源から医療費に補塡してるんです。もう医療費は破綻寸前なんだ。そこに、空気がきれいですね、なんて年金生活者がいくら入ってきても、医療費だなんだで村に負担がかかるだけで、税収増にはならないんだよ。年金の連中ばかりじゃない。若いのもそう。農業をやりたいんですなんて、次から次に若いのが入ってくるけど、みんな、都会でまともに仕事もしなかったようなやつらばかりで、すぐにいなくなっちまう。だから役場にはよくよく言ってるんだ。転入させちゃったら出ていけなんて言えないんだから、その前によく転入希望者の懐事情を調べろって。移住促進なんて、本来は必要ないんだから。カネが入ってこない、負担だけ増える移住ブームなんて、村にとってはなんにもいいことないんだよ」

　そんな村議の言葉を裏付けるように、ある村内有力者もこう声を潜める。

「やっぱり、村に関係のない者を受け入れるっていうのは、最初はすごく抵抗があった。治安はどうなる、都会の人間は危ないって。村でつくった村営住宅にしろ、空き家にしろ、外の人間に貸したら、村が荒れるんでないかって。で、数年前に寄り合いでいろいろ話し合って、結局、このままではもう村の財政がもたない。外の人間を呼んでこなけりゃ、年寄りの生活がダメになっちまうっていうことで、ようやく、みんな納得したわけだ」

　家庭菜園で適度に体を使いながら空気のいいところでのんびり暮らしたいと願っている移住者には少々、酷な本音に見えるが、移住ブームの一方で、定住率はやはりよくないようだ。

地方では収入が限られる

　財布が一つだけの「独り者」では暮らしを維持していくことさえ容易ではな

い。仮に所帯持ちや正社員であっても、所得水準はパートとほとんど変わらないので、余裕のなさはほとんど変わらない。

たとえば、ある地域では、工場などでフルタイムのパートをしても手取りで15万円に届かない。ここに、住宅の賃貸料などの支払いが被ってくれば、ほぼ間違いなく赤字になる構図である。それゆえに、土日もとにかく暇さえあればパートに励み、寸暇を惜しんで小銭を稼ぐ必要がある。

地元の方々でさえ、これを80歳超えても行っている。収入が少ない者は国民年金の減免措置を申請しなければ暮らせないのが実状だ。

ある82歳の老父は見上げたものである。

「年金だけじゃやっていけない。平日はゴルフ場の管理で働いて、週末は契約農家として薬草を育てる手伝いをする。雪が降る冬場はゴルフ場が休みになって収入が減るから、道の駅や建設現場で交通整理の手伝いをする」

地元の者でさえ、そうして生活を維持しているのが「田舎暮らし」の一つの実態でもある。

６年前に東京から移住してきた建築関係の職人さん（夫43歳・妻40歳）の一家は、所得が半分以下になったという。

「手に職があれば日本中、どこでもやっていけると思っていた。でも、こっちの日当は東京の半分以下。結局、家に入れられるのは月に20万円。子どもが小学校に上がることになって、算数とか英語とか公文でいくつかの教科を習わせるととても生活費がもたないから、家内がパートに出てるけど、子ども２人分の塾代でそっちは全部消えちゃうよ。子どもの教育費がもっとかかるようになることを考えたら、中学くらいからはやっぱり東京で仕事をしなきゃならないって考えてる」

また移住ブームに乗って、神奈川県内の公営住宅から移住してきた70代の夫婦のケースはさらに深刻だ。

「こっちに来てから仕事を探そうと思って来たけど、とても生活費が足りなくて。公営住宅は一度出ちゃうともうなかなか入れないから、神奈川に戻るにも戻れない」

この夫婦が移住してきたのは別荘地のなかなので、「年に11万円弱の管理費もかかるし、税金も払いきれなくて、管理費も払えない」という。

税金や管理費を滞納したが、新たに転住する余裕もない。やむなく、「管理会社に雇ってもらい、ホテルの清掃の仕事などをもらってしのいでいる」状態だ。

当の管理会社の担当者もこう嘆く。

「管理費さえ払えないような経済力の方が移住してくるケースがここのところ立て続けにありました。ですので、不動産との契約に際しては先方のご自宅に伺い、その経済力や生活状態を必ずチェックするようにしています」

生活保護受給者に転じた移住者のなかには、移住前に住んでいた首都圏での自治体でも税金を滞納する状況であったことがわかったという。

「移住ブームに乗って、都会では暮らせないけど、田舎ならばカネがなくても暮らせるって勘違いしている者が多くて困っている」とある町議は言う。

ブームとは、決して「豊かな者」「持てる者」だけを呼び寄せるわけではないのだ。

地方移住のほうがかえってお金が破綻しやすい

こうした、生活コストと所得とがほぼ均衡する状況はもちろん、移住者と地元住民との間で大きな違いはない。

移住者はさらに、仮に正規職員の働き口が見つかった場合でも、新規採用の段階で新入社員として給与水準はリセットされるので、都会で働いていたときのような高待遇はのぞめない。ましてや自宅や車のローンを払う余裕などありえない話となる。

つまり、移住者は総じて「低所得で高コストの状態」を前提に、移住生活を想定しなければならない。

もちろん、そうした実態が移住奨励の惹句に馴染まないのは当然で、それが自治体の移住相談窓口で、移住希望者へ含み説かれることはまずない。

移住ブームの一方で、移住者の生活破綻がいよいよ表面化しつつある。

地方での生活コストの高さは、生活費を切り詰め、節約すれば済む水準を現在、大きく超えている。親元、実家に〝寄生〟という「もう一つの財布や援助」があって初めて成り立つ地方生活に移住者を飛び込ませても、生活が成り立たない時期が早晩訪れる。

また、税金や社会保障費は所得に対する累進課税ではあるが、その課税率はそれぞれの自治体で異なってくる。移住者の受け入れには、移住者の所得水準や地域で想定される所得や就労の個別要因に応じた所得の予測が必要になる。

さらに、それに対する移住者の経済余力を勘案して、定住するためのコストを算定する必要もあろう。それによって、移住者は自らが想定しうる、経済力に応じた地域適性を考えて移住先を検討することができる。

現在、そこまで踏み込んだ「定住支援」を行っている自治体はまず見受けられない。しかし、経済的に立ち行かない移住者を受け入れても、生活保護の増加など、いずれは自治体の〝財政リスク〟に転じかねない。

あらかじめ生活シミュレーションを移住希望者に提示しておくことは、むしろ「定住促進」の底堅い基盤強化につながりはしないだろうか、と思う。

人間関係が物価さえ引き上げる

「とにかく、生活費は高くつきますよ。集落の人間関係をうまくやろうとすればするほど、カネの話に最後は行き着くんです」

移住者のSさんはこう言う。どういうことか——。

「人口が少なくて、世帯数も少ない集落では皆が助け合って和気あいあいとやっているのではないかという印象を外からは持ちがちですが、とんでもないんです。むしろ、狭い土地ほど隣人同士のいがみ合いさえあって、それが表面化したときはすごいですよ。私がいた集落はもう、村長派と反村長派で村が二分されていて、道路をはさんで、やれこっちに住んでいる者は村長の親戚が経営するガソリンスタンドから灯油を買わなければダメだとか……」

しかし、灯油もガソリンも値段の表示さえない場所である。そのため、極めて高くつく。

「30キロ近く離れたホームセンターに灯油缶を持っていって買ってきたほうが安いくらいですから。でも、それを見られると突き上げられるので、夜中に寝静まった頃にこっそり、電気を消したまま、ホースを延ばして、外の灯油タンクに移すんです。バカバカしくなりますよ」

隣人監視の目が厳しいのは、生活物資の調達や購買先すべてに及ぶ。

「遠くのイオンモールのショッピングバッグを家に運び込んでいるのが目につこうものならば、わざわざ自宅の戸を叩いてまで、生活用品は農協の店で買え、ですからね。農協の店が商売にならなくなったら自分たちが生活できなくなるから、です。もちろん事情はわかりますが、イオンで90円のものが、農協直営店では150円ですからね。そもそも地方に移住してきている段階で、都会での会社勤めよりも収入そのものは減っていますから。そこに生活コストだけが倍になったら、やっていけませんよ」

「田舎＝物価が安い」と考えてはいけない。人間関係は物価さえ引き上げる。

Uターン夫婦の「豊かさ」にだまされるな

集落は意外にも若い住人が少なくない。皆、都会での教育を終えると、実家に戻ってきているのだ。

なにかと生活コストがかかり、人間関係も難しい土地であっても、昨今、地方には、都会に住む人が想像するほど若年層が枯渇していない。むしろ、地元出身の若い夫婦のＵターンが盛んでさえある。そこには〝事情〟がある。

「行政や雇用促進の団体は盛んに施策効果を謳ってますが、実感としてはちょっと違いますね。地元出身者らが戻ってくるのは、決してそこが住みやすいから、懐かしいから、ではなくて、経済的な事情が大きいのではないでしょうか。詰まるところ、親が子どもを呼び寄せ、居つかせるためには惜しまずにカネを出すからです」

集落に戻ってきた子どもたちは、実家の敷地内に新築のマイホームを建ててもらえるのだ。もちろん、土地の購入費もタダ、自宅の建設費もタダ、さらに、「車ばかりは新車を次々に乗り換えて、その車だって地方では家族の数だけ必要ですから、親が出している例がいくらでもありますよ。つまり、都会では働いても働いても賃金が上がらないワーキングプアとか言われてる現代では、子どもたちも親元に戻ってきたほうが、生活が楽なんですよ。むしろ、親元に戻ってこないと生活がままならない時代でもあるんですね」

という事情がある。

だからこそ、人間関係がどんなに難しくとも、嫁は自宅の敷地内で夫の親と半ば同居し、どんなに精神的に不便があっても絶対に出ていかないという。

先のSさんの妻が言う。

「集落の奥さんたちも、お嫁さんたちもみんな、タバコを吸います。でも、集落では女性がタバコを吸っているところなんか見られたら、もう、それこそ犯罪者扱いですよ。『女のくせにタバコなんか吸いやがって』って。周囲からそう罵声を浴びせられるだけでなくて、その奥さんの嫁ぎ先の実家の名誉に関わってきますから、隠れて吸うのに必死です。タバコを吸うときだけは、誰もいない奥の奥の山のなかまで車を走らせ、あるいは集落の者はあまり立ち寄らないような生活圏から離れたコンビニまで行く。一服するのにも大変です。ガソリン代のほうが高くつきます（笑）。それでいて男たちは役場の前だろうが、畑だろうが、プカプカやってますからね。女のくせにって……。時代錯誤も甚だしいですが、しかしそれが常識なのが寒村ですから。でも出ていかないんですよ、地元出身者やその奥さんは」

高断熱高気密の自宅を建ててもらい、車も買ってもらい、子どもの経費の面倒も見てくれる――。それはやはり実家に〝寄生〟していなければ成り立たない、田舎暮らしの良さなのだろう。

そんな地元出身者、Uターン夫婦の生活ぶりを見て、移住者が自分の生活像を重ねてはいけないのだ。

「親たちは皆、自分たちの老後の面倒を見てもらうためならば、それこそ蓄えとて、老後のための必要経費くらいに考えて、子どものためにはいくらでも使いますから」

Sさんの妻は、こうも教える。

「これはその集落だけじゃなくて、県境をまたいだ某移住人気地でも共通ですよ。あのあたりじゃ、実家の姑は息子夫婦のところにお土産だと言ってお菓子を持ってきても、たとえば夫と妻、子ども2人の4人家族でも必ず3つしか持ってこないんです。それを奥さんが『夫が帰ってくる前においしくて食べちゃって』と姑に言うと、また姑は持ってくる。それも夫と子ども2人の分の3つだけ。つまり、嫁の分は最初から持ってきていないんです。決して関係が悪くなくても姑はそうするんだと、若い奥さんたちは言いますよ。つまり、姑たちが嫁いできた頃の時代から、そうした習慣なんでしょうね。嫁の扱われ方として。都会の女性にはまったく理解できない作法ですが、彼女たちは陰ではブツブツ言いますが、決して集落から出ていきません。そうした奥さんたちはたいがい、家も車も子どもの生活費も、そして農家だからこその食料も実家から供給されているからなんです。つまり多少嫌なことがあっても、経済的なメリットのほうが勝っている人は出ていかないだけのことなんです。それを見て、移住者たちが、若い人たちも居ついているから住みやすいんだと思うと大間違いです。

むしろ、移住者を受け入れるのは、カネを落とさせたいというその一心でやむなく、というのが本音です」

意外と盲点になる退去コスト

ところで、とSさんは言う。

「これは盲点ですが、地方の不動産物件は、公営住宅であれ、古民家であれ、和室が極端に多いんです。入居するときには、ああ、い草の上に寝っ転がったら気持ちいいじゃない、で気になりませんが、畳は退出のときに必ず『表替え』ってやりますよね。汚れた畳の表面を取り替えるものですが、和室が多いってことは、つまりこの畳の表替えの枚数が多いってことなんです。田舎は畳屋も競争がありませんから、これがバカ高いんですよ。１枚８０００円くらいから取りますから。10畳の部屋が２部屋もある古民家ならば退出のときの表替えの費用だけで16万円です。家賃が安いので、表替えだけで軽く敷金はすべて飛びますから。要注意です」

役場や不動産業者は、敷金をはるかにしのぐ退出コストがかかるなど、まず教えてくれない。

「カネを落としてもらうべき、飛んで火に入る夏の虫に、わざわざ不都合な話を教えてはくれませんからね」

周囲の目や耳を気にすることなく、高らかに笑うSさんの表情は、ようやく「のびのびと暮らす」田舎暮らしにたどり着けた充実感に満ちているように見えた。

「田舎に一人」は移住者では自殺行為

移住希望先として集落を希望する理由として多いのが、「歳をとって、車に乗れなくなってからでも歩いて買い物に行ける場所。スーパーまで歩いて何分以内の場所がいい」（不動産業者）という要望。

しかし、車さえも運転できなくなれば、介護が必要になる。親戚もいない、身寄りもない田舎では、むしろ生活が成り立たなくなる。

「ですから、本当に介護が必要になったときには、都会のマンションがいいんです。病院も歩いて、買い物も歩いてっていうのは、都会にしかないんですから。まだ若いときにこそ田舎暮らしをして、そして介護が必要になったら都会に戻る。これが本当は理想ではないでしょうか。それに、夫婦は必ず一緒には逝かないわけで、どちらかが残ることになります。そうしたとき、足もない場所に、一人でいられるかということを考えなければなりません。地方では、息子も娘も、車を運転できる身内がいなければ暮らせないんですよ。夫が病気で、妻が先立って寂しくなってということで、退職金で建てた新築でも、売りに出してまた東京や神奈川に戻っていく方は、けっこういらっしゃいますよ」（移住相談に乗ってきたコーディネーター）

もっともだろう。いざという瞬間が訪れれば、田舎暮らしのために購入した家を、売らなければならない。

つまり、人生の最後で、再び「資産」が必要となってくるのだ。

管理費を払ってでも別荘地に住め

日本の別荘地は、ガラガラであるため、別荘地を別荘と捉えるのではなく、移住地とすれば、これほど住みやすい場所はない。

ところが、と地元の不動産業者が顔をしかめる。

「都会から来る移住希望者は、別荘地には管理費があると聞くだけで、もう拒絶反応がすさまじいんです」

ようは、「管理費」が移住希望者には不評だという。

たしかに、都会のマンションならば、毎月2、3万の管理費は年にすれば20～30万超の出費になる。常々、無為無策とも思える管理会社との付き合いに疲れた都会人が、管理費という響きに敏感になるのはよくわかる。

しかし、別荘地の多くは、永住者、定住者では管理費が半額近くに減額される〝裏技〟がある。道路に木が倒れていた、電話線や電線が雪で切れたなど、管理要員だけでは目の届かない日常の気づきを報告するなど、管理に協力するのが条件だ。

あえてたとえれば、いざというときにのみ協力する待機自衛官のようなものだろう。これに登録しておけば、管理費は半額になる。

この管理費も、なにかと手の行き届いた管理センターから近いほど高く、離れるほど安いという、いわば〝中心〟からの距離と立地によってグレードが設定されている。

ある場所に住んでいたときに払っていた管理費が、国民健康保険料の1ヶ月分よりも安かったのには驚いた。管理費の年額が、国民健康保険料の月額よりも安いのだ。

この管理費には、除雪作業など、家周辺の日常の道路管理に加え、ゴミの回収費も含まれている。別荘地ゆえ、ゴミ出しも24時間、いつでも、なんでも、可能である。

可燃ゴミと不燃ゴミの回収日など決まっていては、ふらっと来た別荘オーナーがゴミ出しできないことになる。数十メートルごとに置かれた巨大なボックスには、出したいときに、それこそいくらでも、ゴミを投げ込むことができる。

昨今は、各地でゴミ袋の有料化も進んでいるが、別荘地では無料である。時折、それに乗じた外からの不法投棄らしきものも目につくが、それとて放置されることはない。自然環境あってこその別荘地ゆえに、景観、美観の保護には集落以上にケアが徹底していた。

これが集落ではそうはいかない。ゴミは名前を書いて、場合によっては班長らに中身まで調べられて苦言を呈される。集落によってはゴミ袋も半透明ではなく、完全な透明であり、鼻紙一つまではっきり見えるだろう。

しかし別荘地では、年間の管理費を払っても、集落に住むよりもずっと楽である。この住環境で、この管理費ならば適額、いやむしろ安いことだ。

別荘地開発が盛んになった高度経済成長期以降、日本の別荘地ではこの管理費をめぐる訴訟が勃発した。なるほど、遊ばせているだけだと管理費は無用なものに思えるが、住んでみれば、そのサービスと管理状況次第では、納得がいく。移住者、定住者にとっては、内容次第ながらも、管理費があるからこそ、頼りやすくもなる。

凍結してアイスバーンになった道路でも、ひと声かければ、レンジャー部隊のような赤いジャンパーを着込んで、何人もがすぐに駆けつけてくる。

彼らももちろん、地元の人間だが、あくまでも仕事ゆえ、歯に衣着せぬ、不快な言動はまずない。

人間、腹のなかでどう毒づかれていても、面と向かって口に出されなければ、感情が逆立つことはない。遠慮あってこその「和」でもある。

もし還暦を超えた先、集落では最下層として扱われる移住民となったとき、数多の無遠慮な言葉に耐えられるのか、私には自信がない。

「言い値」には注意する

いいことずくめに思える別荘地だが、むろん、気をつけなければならないことも多い。

せっかく自然のなかで暮らすのだから、冬は薪ストーブなどにも手を出してみたいもの。あるいは、日照環境や湿度を踏まえて、樹木を伐採することもある。こんなとき、業者から見積もりを取ることになるが、ここに危険が潜む。別荘地周辺の集落から来る地元業者は、リフォームを含めてなにかと別荘地での受注獲得に熱心だ。

コンビニに入れば、地元工務店の電話番号が所せましと貼り出されていることもある。しかし、別荘地は地元から見れば、あくまでも高嶺の花、になる。都会の富裕層が集う場所としか見られないのだ。

薪ストーブ、樹木伐採、建物修繕と、それぞれ幾度も、幾業者も招いて、試しの見積もりを取ってみて気づいたことがある。

地元業者から見積もりを取ると、一様にほぼ横並びで、一律に極めて割高だ。知人に見せると「都会の相場で考えると、とても受注など取れない異常な数字」とまで言う。

「1万、2万単位じゃなく、10万、50万単位でのせてる感じさえする」と、自身も建築施工に携わる知人は笑う。

もとより、余裕あってこその別荘住民であるという認識が浸透しているのだろう。地元業者が言うには、いつもほぼ言い値で商売ができたという。

「これじゃあ、さすがにな、と思うような値段でも、いいよってみんな言ってくれるから。やっぱり別荘の人たちは違うなあと思ったよ。前にも、元パイロットの人なんかのところもやったんだけど、そのときにはうちもちょっと苦しい時期だったから、これじゃあ、さすがに厳しいだろうなあって額で見積もり持っていったんだけど、内容なんか見ないで、一発だった。これでいいよって」（地元工務店）と正直だ。

集落では通用しない見積もりでも、別荘地の住民には「言い値」で通ってきた経験がある業者は、味をしめているので要注意だ。

1ヶ月も2ヶ月もかかる仕事内容と工期でなければ、むしろ出張費と車代を上乗せしてでも、都内の業者に頼めば、半額以下に抑えられる。

別荘地ゆえに高くふっかけられる一方で、相見積もりがきかない原因はほかにもある。地元業者は、常に共同歩調にあるからだ。

つまり、彼らは同じ地域での共存共栄が優先するので、ほぼ〝談合〟状態である。そもそも受注競争をしていないので、価格競争が生まれない。

地元業者の暗黙の価格談合を県の公正取引委員会に通告しようが効果は薄い。県職員とて、地元利益が第一とならざるをえないのだ。

指導によるインセンティブは限りなく低い。地元業者は長い年月をかけて、棲み分けと独占のうえに成り立っているので、見積もり書のどこをどうつっつこうが馬耳東風だ。これで嫌ならば、ほかでどうぞ、と平気で断ってくる。

殿様商売と揶揄してみても始まらない。必要な工事を安くあげる必要は必ず訪れる。シビアな交渉をしたことが何度かあるが、同じ集落に住んでいては、和合のために遠慮を優先させざるをえず、交渉そのものといったやりとりにまで及べるか自信はない。

相見積もりを取る、安い業者を探そうと思えば、県境をまたがなければいけない。同じ県内の他の集落では、親類縁者が同じ業種に携わっていることもままあるので、これまた価格競争が生まれない。経済的には断絶せざるをえない、近接県から見積もりを取るのが、効果的だ。

ただし、集落の影響外からの業者を呼んだとなれば、軋轢は必至である。村八分さえ現実になりかねない。

「応援している政治家が安泰な限り、俺たちもずっと安泰。でも、先生が負けちゃったら、また勝つまでは冷や飯。一度、乗っちゃえば、楽は楽よ」（林業関係の若手地元民）

極端なときには、あの地域は、どこどこさんの島なので……と見積もりさえ勘弁してくれという業者がいた。薪ストーブだろうが建材だろうが、こと材料費については地元に頼むメリットはほぼない。

さらに、薪ストーブも、ひと冬越すにはそれこそ納屋一軒にも収まりきらないほどの薪が必要となるが、薪こそは、質の見極めが決定的だ。夏場に伐られた薪は水分ばかり多く、もちが悪い。

良質な薪を選ぶには、業者にただ発注するだけではなく、細かく、細かく、注文をつけなければならない。同じ集落に住んでいて、目端をきかせた細かな要求をすれば、人間関係に尾を引きかねない。

地元集落で知り合った器用な老夫の、「薪ストーブは俺がつくってやるよ」という声に甘えて頼みかけたが、やはりタダというわけにもいかない。「今年の冬はちょっと見送ろうかと……」と答えた以降、なにかとこちらに冷ややかになり、以来、無視されるようになった。

カネを落としてくれるという期待に背くと、怒りを買う。サラリーマンのように看板を背負っていないがゆえに、感情の露出は素直だ。

「別荘地価格」に注意する

別荘地の場合、地元スーパーとて値は高い。品ぞろえも価格も都内の有名スーパーかと見紛う場所もある

平日にひと箱1500円だった桃が、品川ナンバーの高級車が溢れる週末には5000円にまで跳ね上がる様には驚く。店を出すおばちゃんに指摘すると……「都会の人は高くないと買わないのよ。安いと売れないの。お兄ちゃんも

お金持ちでしょ」には失笑した。

とはいえ、こちらは別荘族ではない。あくまでも別荘地に住まう移住者、である。１円１銭とて、生活に直結する。

第4章

人間関係に見る地獄

田舎と政治活動

大手商社に勤め、関連会社への出向を経たのち、4年前に晴れて完全リタイアとなった68歳のNさんは、E県のホームセンターで木材売り場の担当としてパート勤めをしていた。

理由は「暇すぎて」。

「こっちへ来て、ようやくゆっくりできると思ったけれど、長年、働きづめだったせいか、何もしない時間というのに耐えられないのだとわかりました。何かをやっていないといけない。畑をやってもみましたけど、結局、冬場は暇だし。畑だって、やってわかったことは、収穫を目指すのは相当大変だっていうことくらい。どうしても、何かやらざるをえないんですよね。持て余しちゃって」

もちろん、働ける間に働けるのは素晴らしいことだ。

Nさんの妻も、ほどなく、パートとして働き出した。

だが、憧れの田舎暮らしを実現したNさん夫婦だったが、ほどなく孤立感、孤独感に襲われるようになった。

「地元の人たちはやっぱり移住者は敬遠しますし、パートの職場では、業務上必要なこととかは表向き口をきいていても、やっぱり垣根は高いですね。どうしても、意気投合するのは移住者同士ということになります」

ほどなく、Nさんは職場で知り合った、やはり移住してきたという年配の男性の自宅に行くようになった。夫婦そろって自宅に招かれたのだ。

「ようやく、ホッとひと息ついたというか。移住して初めて友人らしい友人ができた嬉しさもあって、すぐに打ち解けて、たまに家を行き来する仲になったんです」

それからほどなくしてだった。

「ほかにも移住者の友達が来るからって誘われて行ってみると、なんだか単なる会食というよりか、『●●自動車道反対』とか、『アベ政治を許さない』とか、そんなプラカードをつくる作業をしているんで、ちょっとこれは、もしかしてと思ったんですが……」

その家に集う移住者らは、「憲法9条を守る会」のメンバーらでもあった。

「ようは、左翼活動というか、反体制の左がかった活動をしていたんですね。うちはまんまとそこに呼び込まれてしまったというか。友達欲しさに……結局、私はそれからは多忙を理由に付き合いに一線を引くようになったのですが、家内はやっぱり声をかけられるとどうしても断り切れないようで。女性同士の付き合いは、また男とは違って難しいようで」

大挙して移住者、別荘族が流入してくるある地域では、移住者による市民活動と称した〝左派活動〟が急速に拡大しつつある。移住者の大量流入に伴い、あたかも内戦さながらに、「地元右派」対「移住左派」という対立軸が鮮明なのだ。

移住左派らは、ほとんど歩行者などいようもない田舎道の交差点に立ち、数少ない通行車両に向かって「アベ政治を許さない」などとプラカードを掲げている。かろうじてそうした活動からは距離を置いてみせるNさんだが、「女房は断り切れずにつかまっちゃって」とも言う。

ゆったりできるはずだった田舎暮らしが一転、「政治暮らし」になってしまったのだ。

「正直、私は学生運動さえやったことがないノンポリで、会社でも組合活動も本当に付き合い程度だったので、まさかゆっくりと移住しようと思った先で、こんな政治運動に巻き込まれるとは思ってもみませんでした。気がつけば、もともと都会では静かにしていた活動家でもない人たちが、付き合いの延長で、移住してから運動を始めるようになったということが多くてびっくりしました」

「オレが、オレが」の移住者がもたらすもの

移住者による政治活動の背景には、「オレが、オレが」という意識があるという。この意識が地元住民を困惑させてもいる。

Nさんが住む市の市役所の若手リーダーがこぼす。

「なんでも自分は東京の大企業の管理職にいたとか、外資系企業の幹部だったとか、都会での経歴を振りかざして、オレに任せろって、地元の事情さえわからずに都会の論理と大企業の理屈を押しつけてくるのが多くて参っちゃう」

東京暮らし、都会暮らしでは埋没しがちな「一般的なサラリーマン人材」が、人材密度が薄く、役所の対応からパート先の労働スキルまで総じて〝緩くヌルイ〟田舎暮らしの地に来ると、「まあ、自分が超一流に思えちゃうんでしょうね」（Nさん）と言う。

「都会や企業では二流、三流とまではいわないまでも、一流からは程遠いキャリアと実績しかない者が、人影の少ない田舎では超一流だと勘違いしちゃう例が多い。地元の習慣や状況をわかったうえで地元の役に立とう、こういったスキルを提供できるけど、と温故知新で地元のやり方を尊重したうえで汗を流すのならばともかく、オレのやり方、オレってすごいだろ、オレならば、ばかりが前面に出る困った隠居移住者が極めて多くて……いったい、何をしに田舎暮らしに来たのかわからない人ばかりですね。そんなにまだまだ社会の一線で通用する自分を誇りたいのならば、まだまだ東京でやっていればいいんでしょうにね。そんなアグレッシブさのやり場の受け皿になっちゃっているのかもしれませんね。それで、いい歳になってからプラカード闘争にビラ配りですよね。もちろん、それ自体は悪いことだとは言えませんが、彼らを見ていると、何のための田舎暮らしなのか、移住だったのか、考えさせられますね。とにかく、ゆったりとした時間など彼らからは感じませんね。常に、地元の政治家をこきおろしているか、次の選挙でいかに地元民を叩き潰すか、とか、そんなことばっかり話し合ってましてね。それも、屋内でね。せっかくの風景には目を向けませんね」（Nさん）

孤独さ転じて群れる楽しさを覚えた移住者らは、こぞって活動に参加し、いよいよ人生最後の戦いの地とばかりに、田舎暮らしどころか、政治暮らしに明け暮れつつある。

そんな彼らの軒先には立派なウッドデッキとテーブルはしつらえられているが、当の家人らは還暦をまわって初めて目覚めた「超一流意識」と「政治意識」に忙しい。

地元生まれで地元育ちの青年から言わせればこうだ。

「互いにいい関係を築きたいというのはある。だけれど、地方だって、その習慣で成り立ってきたものが大きいから、今日までやってきたことを明日からすべて180度変えて、というのは難しい。都会の作法をそのまま持ち込んでも反発心が強くもなる。そこにきて、政治活動をやられたら、もともと選挙一つで人間関係の対立が強いうちの地域では、さらに混乱してくる。都会の人はゆったりのんびりしに来ているはずなのに、なんで地域を根本から変革しようとするのか、それがわからない」

なるほど、と思わせる。

温故知新でいけばいいのだが、「超一流の人材」と思い込んだ都会人はそれなりに厄介だ。空気を読まずに、自己主張、政治主張を掲げて憚らない。

「移住者同士で寄る辺がなく、結局は孤独に耐えられない悲しい都会人のさがなのかもしれませんね」とNさんは見る。

観光道路の要衝交差点では、あるキャラクターのコスチュームに身を包んだ地元では著名な移住者活動家が、暇にあかせて「アベ政治を許さない」と訴える。

「もはや、あんなものは動く景観破壊ですよ。自分たちもまた地域社会にとっては迷惑をもたらしていることを客観視できていない」（地元青年部幹部）

地元民対移住者の内戦状態はどうやら収拾がつくメドはなさそうだ。

市役所の若手リーダーの言葉には沁み入るものがあった。

「せっかく老後をゆっくりしに来られたのですから、もう少し気持ちをゆったり持たれてはいかがでしょうね。都会でできずに地方でできること。それはゆったりと過ごすことなわけですから。ただ、孤独と寂しさに耐えられない方は、やっぱり都会で生活するしかないわけで」

結局、最後は田舎では死ねない

夫婦で移住しても、伴侶が先に旅立ったり、病気になったりすれば結局、都会へと戻っていくことが多い。

「田舎暮らしといっても、都会人は、結局最後は田舎では死ねませんからね。

車に運動のステッカーを貼ったり、閑散とした道路でプラカードを掲げたりするのは、老後の過ごし方としてはもったいないですよ。朝は山を眺めながら、ゆっくりとコーヒーを飲む、そんな生活がいいのではないでしょうかね。田舎暮らしをして、初めてわかりました。都会人にとって田舎暮らしは憧れであって、移住してもも実践できる人はごくごく限られているんですよ。よかったですよ。都会に家を残しておいて」

そう前出のNさんは言う。

Nさんは近々、移住に当たって新築した終の住処を売りに出し、都内のマンションに帰っていくことを決めた。

「もう70を超えたというのに、全共闘時代みたいな激しい政治闘争は、私には無理ですね。東京は確かにせわしないですよ。でも、田舎暮らしを経験してみた今は、生活していくうえでの気持ちそのものは、マンション暮らしのほうがよっぽどゆったりしていて気楽だというのがよくわかりました。これからは、いろんな場所を旅してまわる田舎巡りを楽しもうと思います。田舎の人間以上に怖いのが、移住した政治活動家だというのがよくわかりました」

人口が増加し、攻める移住者と、防戦に団結する地元住民との地域内戦はいよいよ露骨に激しさを増している。

田舎暮らしの果てに見えてくるのが「良識ある都会人は田舎暮らしから離れ都会に戻り、残るのは濃縮された政治活動家ばかり」では、悲しい現実と言わざるをえない。

女性と男性で移住者の対応の差がある

妙齢の女性「お一人様」の移住者に対しては、鷹揚さが目立つ。

「畜産の地なので、あるとき女性の獣医さんが越してきたんです。そうしたらもう、いつもは男衆と女衆、きっちり水と油みたいに分かれて、公の場では男女は口もきいてはいけないような雰囲気なのに、挨拶に立った女性の獣医さんには男連中から合いの手よろしく、こんな言葉が飛び交うんです。『おいーっ、かれしはいるのかー、かれしはーっ』。その下品なことといったら……。若い獣医さんはかわいそうに、赤面したまま言葉なく立ち尽くしていましたよ。そしてなぜかドッと大笑いなんです。都会や会社の歓送迎会でそんなことをやったら今どきは下手をすればセクハラだ、モラハラだと言われかねませんが、カネと男にはとにかく厳しいのですが、女性にだけはとにかく鷹揚ですね。とりわけ若くて独り身の女性には」

男尊女卑、あるいは女性への配慮が乏しい習慣が、集落には根強い。

「年に一度の集団検診では、体育館に男女問わず、一列に並んで検尿、検便を提出させるんですが、検診はおおむね集落を区切って検診日を決めているんで、指定された日に行くと、当然、前後左右みな隣近所の見知った顔ばかりです。その検尿、検便を提出する机には、毎年こうプラスチックに印字された大きなプレートが出ているんです。『生理のかたは申し出てください』って。女房はもちろんですが、男の私でもこれには嫌になりました。前後左右は隣近所のオッサン、オバサンばかりですよ。そこで、若い女性が、今日生理です、なんて申告したら丸聞こえじゃないですか。役場の担当の女性にもさすがに言ったんです。あなた、隣のオッサンがいる前で今日生理ですって、あなたなら言えるのかって。都会だったら今どきこんなことをしたら役所が突き上げられるぞって。でも翌年からも変わりませんでした。理由はこうでした。毎年そうやってますからって……。ゴミなんかも収集はしてくれるのですが、完全に無色透明なビニール袋が指定されていて、そうすると、中身は当然、丸見えです。それに名前を書くわけですから。女性なんかは恥ずかしくて生理用品の袋一つ、入れられないわけですよ。結局、そうした恥ずかしいものは夜のうちに車に積んでおいてたまに遠くのコンビニに行った折に、そこのゴミ箱に捨てることになります。女性は比較的歓迎する一方で、女性に対する配慮は公私ともにありませんね」

移住に当たって、女性には比較的歓迎ムードが強いのに対して、男性には風当たりが強いという傾向は決して杞憂ではない。

また、地方や過疎の地ほど、嫁の来手や後継者不足がなおも現実の課題である。そうした場所では女性は大切に扱われる傾向が強く、移住体験談としてはむしろ例外の部類に入り、参考例として考えるのが難しいケースも少なくない。「実際、小学校に独身の女性教師が派遣されてくると、そうした女性教師に男衆がアプローチして、結婚した例は少なくありません。そういうことでしか出会いがないので」と言う。

女性と男性とでは、集落での扱われ方が決定的に異なるので、移住体験の心証もそのあたりを斟酌《しんしゃく》したうえで聞くべきだろう。

「同じこと」「変わらないこと」がよいこと

移住生活6年目に入ったTさんご夫妻には、今年、保育園を卒園する娘がいる。

地元の保育園にも通わせ、地元の親子ともそれなりの交流をして、自分なりには田舎暮らしはうまくいっているほうだと思うと言う。

そんなTさん夫婦を仰天させたのは、保育園の卒園に向けての記念イベントの準備のときだった。

「とにかく、うちの年だけ目立ってはまずいので、なるべく目立たないようにしましょう」

打ち合わせの挨拶で、地元出身の親から言い放たれた言葉に度肝を抜かれた。他の年の卒園と違ったことをやるのはとにかくまずいから、との主張だった。地元出身者たちはとにかくそれに激しく賛同するばかりだった。

「同じことを徹底しましょう」というその提案の根拠は、何度尋ねても不明なままだ。

だが、Tさんは昨年のある事件を思い出した。

夕刻、保育園に娘を迎えに行くと、中年の男性が激しく教師に食ってかかっていた。仲良くする移住者の男性だった。

「同じじゃなきゃかわいそうってどういう了見だ？　なぜ、同じじゃなきゃかわいそうと思うんだ？」

その男性と先生とは日頃は仲が良かったようだったが、果たして何がそれほど男性の逆鱗に触れたのだろうか。

その保育園では、朝の登園時に当日の迎えの時刻と迎えに来る人が、母親か父親かを書き込ませるバインダーが備えられている。

その父親は、そこに「父かえる」と書き込んでいたのであった。

Tさんはすぐに、「おもろいやん。菊池寛の『父かえる』にかけたジョークか」と気づいたのだが、保育園の老保育士がそれを見かねてこう告げたのだという。

「父とか母とか、皆と同じように書かなければ、お子さんがいじめられる」

集落では少しでも違いがあれば、それは非難の対象、さらには村八分の原因となりかねないのだ。

幼少期からそうした状況の中でただひたすらに「他人と同じ振る舞い」で生き延びてきた地元の老若男女は、「異なること」に異様なまでの恐怖を感じる。それ故の老保育士の発言であったのだ。

「同じでなければかわいそう」

Tさんは苦笑した。

「まあ、地元の人にとって、個性はアダ、でしかありませんからね。同じことに倣うことでひたすらに社会での立ち位置を確保して生き延びてきたのが地方の老若男女です。そこに、僕ら都会からの人間が来て、個性だなんだって、そっちのほうが、彼らには奇異に映るわけですよ。そこに、都会からのよそものと、ただひたすらに旧くからの価値観を守り続けることで共同体を守り抜いてきた彼らの苦労との決定的な断絶がありますよね。そのギャップが決して埋まらないのが、田舎暮らしのすべての悲劇なんですよ」

保育園の卒園記念の制作一つをとっても、

「とにかく、他の年と同じにして、目立たないようにしましょう」

地元民に「なぜ」などと訊くのは野暮というものだろう。

「同じこと、変わらないことが、その土地で生き抜く唯一とも言える生存の知恵であるわけです。そこで、都会から来たものが、こっちはどう？　こんなのはどう？　なんて言い出したところで、それは無駄なあがきというものです」

地方で子育てを体験したTさんはこう結論した。

「子どもをのびのびと自然の中でというのであれば、田舎暮らしは小学校に上がる前まで、学齢期前の時期が親にも子にも最適だと思います。小学校に上がって以降は、同調圧力をさらに意識した社会生活が求められますから、おそらくストレスは凄まじくなるでしょう。だから、田舎での子育てを経験した移住者として結論はこう言えます。田舎暮らしの適齢期は子どもが学齢期に達するまで。学齢期からの個性ある教育や国際人教育は、都会でこそ」

人と同じことだけが素晴らしいこと。そういう価値観が田舎暮らしのあらゆる局面を貫いている。

ただ、とTさんは付け加える。

「とにかく着るものから食うものまで同じであることが徹底しているのが地方なんですけどね、不思議なんですよ、とにかく人と違うようにやたらと無駄な自己主張するところが一つだけあるんですよ」

それは何か？　と問えば。

「車とホイールなんですよね。足回りだ、オプションだと、無駄な車のアクセサリーばかりはやたらとカネをかけていじり回して自慢しあうんですよね。あれを見ると、やっぱり地元民も他人と違うことの楽しみを感じているように見えるんですけどね」

Ｔさんはそう言って笑う。

都会人にとって、田舎暮らしは「個性の証」であり、他人とは異なるライフスタイルの追求であるのかもしれない。

コロナ禍で流行りの二拠点居住を「デュアルライフ」などと謳い、またぞろ商売につなげる機運ばかりが目立つ。

しかし、ここがポイントである。

都会人が田舎暮らしに求めたデュアルライフのその先にあるのは、地方の「集落一家」「単一価値観」の〝シングルライフ〟だけである。それを理解できる者だけが、田舎暮らしに溶け込むことができる。

地方で多彩なライフスタイルの追求を、などと思わないこと。それこそが田舎暮らし成功への秘訣である。

ナチュラリストの罠

直近の移住ブームで田舎暮らしに持ち込まれたのは、従来の地元民対移住者、という構図にくわえての、移住者対移住者であることはすでに紹介した。

意識高い系のインテリ移住者どうしによるマウンティングも激しさを増すが、今からご紹介するのは、昨今、拡大する、「ナチュラリスト」の相剋である。

カテゴリー①
◯マスクしない・させない系ナチュラリスト

コロナ禍の移住理由の最大のものが、地方の空気は都会よりも安全だから、というもの。彼らは田舎暮らしにおいて、徹底してコロナ対策をしないのが特徴だ。だが、高齢者の多い地方はむしろ、過剰なほどにコロナのみならずインフルエンザなど感染症に対しては敏感である。

「インフルエンザが入ってくれば集落は絶滅する」との感覚で、集落住まいの者はインフルエンザの予防接種ワクチンはマストであるような場所さえある。

さながら、アマゾンの未開の奥地を訪ねるNHK取材班並みの用心深さが求められるのだ。

その地で平然と、マスクをせずに店舗や地元民との接触をして憚らない〝ご迷惑ナチュラリスト〟が増加中だ。

カテゴリー②

○ワクチンを打たない・打たせないデトックス系ナチュラリスト

子どもを連れて東京などから移住してくる婦人層に多い。

彼女らの初対面の挨拶はこうである。

「ワクチン打ってる?」

いきなりの洗礼である。子どもを地元の保育園や幼稚園に連れて行った初日の挨拶において、〝抜き打ち〟で来るので要注意だ。

この手のナチュラリストは自己免疫を高めるための移住暮らしであるために、自分たちの価値観と異なる者は受け付けない。

それゆえに、一発目のこの質問で、相手が自分と同じ人種であるかどうかを選別するのである。

もちろん、インフルエンザワクチンなど打っている者は受け入れられない。ママ友として認められないのだ。

体内に人工的な異物を受け入れることを徹底的に忌避する。自分の生活だけの範疇に収まればまだいい。しかし、このカテゴリーの移住者らは、社会生活にまで価値観を波及させていく。それが、次のカテゴリー③だ。

カテゴリー③

○おやつは既製品ではなく、手作り無添加を持参の自然食品系ナチュラリスト

最近の富裕層移住者に多いのがこの手合いである。

子どもの幼稚園に出てくる給食や、園のおやつは拒否である。理由は「人工添加物が混じっているものは子どもに食べさせたくない」からだ。

それゆえに、おやつなどは毎日、手作りのものを持参して、園で提供される

ものは拒否するというナチュラリストが急増中だ。

当然、地方といえども、都会人のやりたい放題など看過されない。ママの手作り無添加おやつの持参を認める園とそうでない園とが、きれいに線引きされるのだ。

そのため、認められる園には、このカテゴリーのママやパパがさらに3密状態で集まってくる。


いずれのカテゴリーも急増中だが、困るのは地元民である。

移住者が増えるに連れて、移住者と地元民という〝文明の衝突〟がさらに分派し、移住者間の対立まで拡大してくる始末だ。

もう、手に負えないどころではない。対応するのは地元出身者の先生方、ということになる。

そのためか、実は地方で一番、人間が揉まれているのは、県庁職員でもなければ、小学校以上の教員らでもない。

まだ若く世馴れしておらず、子育てに夢や〝野望〟を抱いていっぱしの教育者よろしく立ち向かってくる移住者ママ・パパらを日々さばき、日常を円滑に展開させている、保育園や幼稚園の保育士・先生たちである。

その点で、田舎暮らしにおいて、子どもを持つ移住者らが唯一、会話と意思が通じるのは、地方らしからぬ激しい世事に揉まれている保育園や幼稚園の保育士・先生たち、ということも言える。

彼らはまた、若い頃に東京や神奈川、埼玉、大阪や名古屋といった都市部で保育園や幼稚園の保育士・先生をするなど〝出戻り〟の経験者らであることも多い。

都会のモンスターペアレンツとの最前線に立っていた者だからこそ、移住系モンスターらの適度なさばき方にも慣れている。

看護師らもしかりである。

こうした全国規模の資格を取得している職種こそは、田舎暮らしでの救いある人々、移住エンジェルになりうる潜在的な精神の受け皿である。

ただ、資格を持っている者だからといって、小学校以上の地元教員を彼らと同等と見てはいけない。

徹底的な縁故採用ばかりがはびこる地方の教員は、一日就職すればあとは「先生様」としか崇められず、そのプライドの高さだけが相当高い者も少なくない。

さらに言えば、地方の教員の多くは、都市部での教員採用試験に失敗して、やむなく縁故のきく地元に帰ってきた者であることも少なくない。小さなコンプレックスが保護者や地元民相手に過剰に大きなプライドに転じていることが多い。

田舎暮らしでももっとも移住者とのコミュニケーション能力が高い者は、謙虚に対話し、聞き届ける姿勢と作法を身につけている保育園と幼稚園の保育士・先生であると、ここでは断言しておこう。

第5章　それでも田舎に住みたい人へ

景観が固定した土地と立地を買う

田舎暮らしに憧れる者は、当然ながら、庭づくりを含めて、自分だけの景観、景色、風情をつくってみたいと考えるのだ。

しかし、それは実に危険な行為でもある。宅地の周囲をすべて買い上げるだけの余力があればいいが、山林は今や高い。ひと坪1万円の土地が、今では、神奈川や兵庫の郊外の土地と変わらない、いい値に化けてしまっている。

山ごと買ってそこにさらにうん千万もの自宅を新築する余裕がある者ばかりではない。それであれば、ひとしきり開発にメドがついた土地であり、周囲の風景が固定し、定着している場所、つまり、すでに周囲に家があっても、それを込みで納得して住める場所を探すことが得策だ。

手つかずの風景ほど、田舎暮らしで危険な場所はない。1章で述べたような、移住したとたんに近隣で土木工事が始まるリスクもある。それを一度、二度の下見でその危険性を見抜くことは容易ではない。

ましてや、リモート視察や、ディベロッパーの売り言葉だけで終の住処を探すなど、もってのほか、ということになる。行くほうも、来られるほうも、互いに不幸なだけ、である。

市長や町長、村長を担いでいる後援会長クラスに挨拶

都会居住者がもっとも誤解しやすいのが、地方のトップは市長や町長、村長といった首長であると考えがちな点だ。

もちろん、行政上のトップは彼らだが、彼らが同時に、そうした地域での最大権力者であるとは限らない。なるほど、権力者に担がれているだけか。そんな程度であれば都会の首長とてそんなものだろう。そう考えがちである。

ところが、地方行政の最大の難所は、行政の指導が及びえない領域があり、それが地域をとりまとめる、区であり、組でありといった集落にほかならない。行政がその方針を徹底させるにしても、そうした区や組の最有力者である長老組が納得しなければ物事は動かないのだ。

トップの指示一つでやれるはず。それはそうだが、そのトップが長老支配の

もとで表に立たされているだけの場合は、結局、地方の首長とて、長老組、権力者ら、有力者らの意向を無視した強権発動はできないということになる。

これがどこまでも徹底されていることを、移住組はまず理解できない。頭でわかっても、皮膚感覚ではわからないのだ。

こう考えておけばわかりやすい。

地方においてその場所を治めている者は、決して顔が見える場所にはいない――。

さながら陰謀論めいてさえ響くが、そんな都会では忘れ去られて久しい感覚が、実態として残っているのが田舎暮らしの舞台である。

かつて移住先の役場を訪れて、村長や教育長といった人々に挨拶してまわった折のことである。

丁重に挨拶し、菓子折を差し出したその顔がこわばったのである。

「私なんかよりも、渡すべき人がいる」と。

そのとき私は、その言葉は単なる儀礼上のへりくだりなのかと錯覚してしまった。それが間違いであった。

社会的な役職としては立派なトップである彼らが恐縮してみせたその言葉は、実態を伴うものであったのだった。彼らを支えている者、彼らを超越した者に対する挨拶をしなければならなかったのだ。

それは、表向きはすでに隠居して久しい最長老組であった。地方は今でも厳然とした長幼の序が徹底している。表に立っている者の背後にある、揺らぎない序列と権力を把握することが大事だ。

自分のことは訊ねられたことだけを5割引で話す

移住先の集落は、新住民である移住者のすべてを知りたがる。もちろん、それに抗う術はない。

都会とは異なり、遠慮の作法はそこにはない。訊きたいことを直接に、訊きたいだけ、訊かれるのだ。

私がゲートボール場で初めて挨拶をした直後、古老から一番初めに大きな声で投げかけられた言葉は極めて直截的だった。

「あんた、学校はどこ出とる？」

その後も、ゲートボール場での隅々、その後のお茶の時間に交わされる会話は、孫の大学名、どこどこの誰がどこに進学した、だから生意気だ。勘違いしている、といった、そんな予備校か受験生顔負けのやりとりばかりであった。

もちろん、問われるのは学歴だけではない。家族の出身から出会いまで、会った初対面ですべてを問われると覚悟しておいたほうがいい。

もちろん嘘をついてはいけないが、話した内容は、それこそその晩のうちに、瞬時に集落中に伝わっているとみて間違いない。

そして彼らは、そうして人づてに聞いているということを決して隠しはしない。次に会ったときに、くったくなく、あんたはこうなんだろう、と自分は知っているよということを教えてくるのだ。

なんと、性格の悪い話に聞こえるかもしれない。ところが、それが習慣、習俗というものであり、決してその集落の人間の悪さとは関係のないものなのだ。

地方の集落では構成員のすべてのプライバシーを互いに把握し合ってこれまでの歴史を紡いでいるので、それが当然なのである。

それゆえに、訊かれたことには答えざるをえないが、仮に超大手商社の役員にまで上り詰めたような人物であっても、それは最低限の話だけをしていればいいのであって、相手がその場で訊ねた情報以上の話をこちらから開陳してみせる必要はない。

彼らはとにかく徹底的に質問攻めにする。しかし、都会人の作法と地方の作法はここでも決定的に異なるのだ。

都会人としては、そこまで関心があるのならばと、訊ねられたことに、きちんと話を盛り込んで、具体的に話して差し上げなければ、とも思うだろう。

しかし、相手はそこまでは期待していない。いや、訊ねたこと以上のことを話せば、それは「自慢話」に転じるから、その微妙さが難しいのだ。

一方で、彼らに自身のプライベートの話を逆にこちらから訊ねてみても、彼らは自身らのことは、決して容易には明かさない。自分の話はせずに、第三者の話ばかりをしている。

他人のすべて、プライバシーの極めて細部までを訊ねることには熱心だが、とにかく、集落の歴史や制度も含めて、誰に問いかけようとも決して返答がない。問いかければその瞬間、目の前に2人でいたとて、沈黙に転じ、「それはともかく」と、露骨に話題を変える人々ばかりが目につく。

訊ねられたことには絶対に答えなければならない。しかし、訊ねられた以上のことをサービス精神とともに付加すれば、それは自慢話と受け取られかねない。

安全なのは、訊ねられたことでも、5割引の、半分くらい話しておけばいいのだ。さらに訊ねてくれれば残りを話す。相手の気がそこで済めばそこで止めておく。

一見、すげないやりとりにも見えるが、それが習俗の地では、それに倣うに限るのだ。口まで出かかった話でも、グッと飲み込んで、5割引で話しておけば万事無事、である。

都会に自宅がある人間は絶対に手放すな

昨今、増加しているのが、都会の自宅を売り払って、地方に終の住処を新築する移住層である。これがゆえに、地方の建築業界は閑古鳥が鳴いているという状態ではなく、むしろ活況を呈している感じさえある。

特に移住人気のある長野や山梨方面では、時に職人が足りないくらいであり、都会の住宅展示場のモデルハウスのスペックそのままの新築が次々と建っていく。

そうした、いわゆる都会以上のフルスペックの移住物件の新築はたいてい、夫婦そろっての終の住処としての覚悟を何よりも体現するものだ。

還暦を過ぎての住宅ローンは融資が厳しいので、なかには億に達しようかというそうした物件はほとんどが、キャッシュでの支払いだ。

すると、移住者の発想はほとんどがこうなる。

「都会の自宅を高く売却したお金で家を建て、退職金は老後の蓄えとして残す」というものだ。

発想は妥当そのものである。ただ、移住者が注意すべきなのは、覚悟や決意とは裏腹に、地方では死ねない、という点に尽きる。

地方が車社会であり、運転が無理な年齢になるから、ではない。それこそ、地方では買い物一つでも、85歳などはまだまだ現役のドライバーであり、90歳近くとも運転している者も少なくない。

車が運転できないことは死を意味するからである。

都会からの移住者が将来、直面しうる最大の問題は、夫や妻といった伴侶が先に旅立った後、身寄りのない集落や別荘地でどのように終活を行っていけるか、である。

集落の古老らは仮に息子や娘が都会に出ていってしまっていても、そこは身内同然の集落が全体として支えるのである。戦中の隣組並みの監視体制は、よく捉えれば、過疎化した土地においては究極のセーフティーネットにも転じるのである。

ただ、移住者はそうはいかない。それは、集落であれ別荘地であれ、である。

やはり、新住民は何年住もうが、何十年住もうが、どこまで行っても新住民である。移住者のなかでも、交友関係の広い者は、移住者同士で手を取り合って助け合ってはいるが、その交流網のどこか一角が年齢によって崩れれば、助け合いの輪は一挙に崩壊する。

すると、何かのときは管理会社がある別荘地がやはり心強いということにもなる。

体が丈夫でも、認知症という心配もある。

先にも別荘地移住者に96歳の女性がいたが、最後は、別荘会社と民生委員との手配の末に、無事に施設に入っていった。

また、妻に先立たれてそのまま犬とともに移住暮らしをしていた老夫がやはり心筋梗塞で倒れたことがあった。そんなときも、管理別荘地は、たとえ管理規約になくとも、そこはオーナーの面倒は人道的に手厚く見ることになる。

彼らは、移住先をまさに終の住処としてまっとうしたケースだが、ほとんどの場合はその前、つまり連れ合いの一方が病気になったり、亡くなったりしたあとには、ほどなく移住先を離れていく。

そんなときに、必ず都会に戻ることになるが、そこに戻る場所がなければ大変である。仮に移住先の物件を売るにしても、購入したときの価格と同等では当然売れず、仮に売れたとしても、それで都会や施設入居の十分な費用がまかなえることはまずない。

その時点で十二分な蓄えがあれば選択に余裕があるが、ほとんどの人間は、最後の年金で賃貸マンションでも、ということになる。しかし、高齢の入居者が歓迎されず、賃貸物件とて限られてくるのは言うまでもない。

だからこそ、戸建てであれマンションであれ、都会に資産がある者は絶対に売ってはならない。戻る瞬間が必ず訪れる、戻りたいときが必ず、戻らなければならないときが必ず訪れる。それが移住生活の最後の瞬間である。

だが、ぎりぎりの生活でやっている移住者らはこう考える。

「でも、固定資産税も払わなくちゃいけないし、移住先の税金と合わせれば負担が大きくて……」

それでも、目先の負担で戻るべき場所を失ってはいけないのだ。

賃貸は管理を伴うのでどうしても嫌だ、という場合は、それこそ娘や息子を住まわせるなどしておけばよい。子どもたちはもう自宅を持ってローンを払っているから、という場合は、管理の手間を考えたうえで、やはり賃貸物件として出しておけばいい。

賃料で税金分はまかなえるうえに、多少の固定収入があれば、生活は楽になる。移住先での最大の誤解は、都会よりも生活が安くできる、という点だ。燃料費に電気代、ガソリン代と、地方の生活は都会以上にコスト高になる局面が多い。

いかに自身の企業年金が手厚くとも、生活費用に上乗せがあるに越したことはない。

また、都会とは異なり、毎日のように利用する自家用車の傷みも大きい。地方に住んでいればあっという間に10万キロを超え、買い替えることも少なくない。夫と妻、1台ずつ保有していれば、2台同時に乗り換え、という負担も来る。

だが、それ以上に、終の住処という覚悟とは裏腹に、どうしても都会に戻らざるをえない局面が来ることを念頭に置くべきだろう。

そんなとき、戻れる場所がないと、そこから先の移住暮らしは負担一方に転じるのだ。都会に自宅がある人間は絶対に維持し続けるべきである。

わずかでも必ず副業を持て

これもやはり、移住生活、地方での生活のコストに関わるが、たまに東京に行かなくてはいけない、あるいは大阪に戻らなくてはいけなくとも、嘱託であれ、必ず副業を持って移住すべきである。

灯油にプロパンガス、ガソリンに、田畑のない移住者は競争力の乏しい地方の割高な食材購入と、とにかく都会生活以上に生活費がかかるのだ。

1円でも2円でも必要に感じる瞬間がやってくる。さらに家屋の老朽化や補修、手入れにもコストはかかる。

移住しておそらく納得するだろう。昔の人々はこれだけ季節変化の激しい地方において、よく障子一枚、板戸一枚の日本家屋で暮らしてきたものだと。だからこそ、地方ではどこも一人では家を維持することがままならず、稲作から屋根の葺き替えまで、徹底的な集団互助の「ゆいの精神」でやってきたのだ。

移住者は、このゆいの恩恵がまず期待できないので、また、何かを頼んだとしてもタダでは済まず、ここでも経済力がものをいう局面が訪れる。２ヶ月にいっぺんの国民年金だけでは回らなくなるのだ。

かといって、地元の雇用はどうしても地元民優先になりがちであり、地元民を押しのけての採用は、結果として反感や軋轢を生み、潜在的な生活リスクになりうる。だからこそ、人知れずに収入が得られる副業を持っていることが大事になる。

インターネットさえ通じていればどこでも仕事が可能なもの。そういう意味で、年齢を増してもスキルとして重宝される翻訳家やデザイナーといった職種の人々は田舎暮らしも成功しているケースが多い。

もちろん、そうしたスキルは退職後にすぐに身につくものではなく、従前のキャリアや人間関係がものをいうので、やはり移住後に、都会からの遠隔地という状況がハンディにならない仕事のスキルを高めておくことがいい。

保育士や学校の先生などは、この点でも歓迎される。育児経験のある方は地域の子育て支援での職にと、声がかかりやすく、学校の先生であれば、地方とて補習塾の講師を務めたり、ときに自ら塾を開いたりと、従前のキャリアが活かせるのである。

そこまでは資格もキャリアもない、という方でも、多少の留学経験や駐在経験があれば、地域の英語教室で補助をするということもできる。

現在、外国語教育は、都会並みに地方でも熱心である。いずれは東京や大阪に出て就職をさせなければ生きていけないという逼迫感の強い地方の教育熱と危機感は、都会とは根本的に異なる教養への枯渇感を生んでいるからだ。

また、えてして誤解しがちだが、都会と比べて教育、補習の選択肢が少ない地方では、公立教育の質が高い。猫もしゃくしも、ピンからキリまでの名ばかりの私立校に送り込む都会とは違った意味で、教員の質もそろっているのだ。公立校の質が高い場所はえてして、学習意欲も高く、教育関連事業の求人やニーズも大きい。

都会からの移住人気がある場所は、実は、都会者のインテリニーズをも満足させうる図書館などの知的インフラがそろっている場所が多い。

移住民の流入が活発な場所としても知られるある地域では、図書館が24時間稼働するなど、都会顔負け、都会のインテリたちも納得の知的インフラがそろっている。

それなりに都会や会社組織で活躍してきた移住者は、当然ながら知的水準が高い。つまり、田舎暮らしを好み、田舎暮らしを実行する余裕のある者は、もとよりかつての別荘族以上の、いわばインテリ層が占めているのだ。

だからこそ、副業の持ちようはいかようにもある。いずれ移住をと考え始めた段階から、地方でもできる副業を考え、そこへの道筋をつけておくのがいい。

それも移住に当たっての大事な、ときに何よりも大事な準備すべきことの一つだ。

お勧めはリノベ物件を自分流にアレンジ

長く別荘地分譲を展開してきたあるリゾートの不動産担当者は、「今のお勧めはリノベ物件です」と説く。

リノベ物件とは、古くなった別荘を、不動産会社のほうでリノベーション（リフォーム再生）して売り出している物件だ。こちらの値段も、上を見ればきりがないが、時折、リノベーションしているにもかかわらず、外車1台売りに出せばお釣りが来るレベルのものがある。

その「お釣り」で、さらにひと手間かけるべきポイントがある。

なんといっても、田舎暮らしの醍醐味はバルコニーやウッドデッキで、緑の光を浴びながらの一杯のコーヒーである。

だが、ウッドデッキは、どんなにペンキを塗っていても、ひさしがなければ傷みが早い。下がコンクリートではなく土の場合は湿潤な空気が常に上がってくる。常に湿気にさらされて傷みやすいのだ。そこにきて、雨ざらし、雪ざらしになると、早ければ2年で、下手をすれば崩れてしまう。

屋根のないウッドデッキは数年ごとに交換が必要になると心得たほうがいい。木に浸透するタイプのペンキも極めて高価なうえ、ペンキさえ塗っておけばという油断は禁物である。

ところが、とにかく陽当たりを求めようとする移住者らは、ひさしがあれば陽当たりが悪くなると思うのか、ひさしを求めないことが多い。ただ、ひさしを陽の抜ける透明な天板にすることもできるので、一考すべきだろう。

築40年近い我が家は、私が入居するまで建築当時のままで崩壊することなく保たれていた。新築でも数年で崩壊するウッドデッキと、40年をしのぐかどうかは、屋根のあるなしが運命を分けるのだ。

だが、さすがに傷みは目につく。入居後に自身で手を入れ始めたが、地元業者らに見積もりを取ると、50万円単位でくる。それではと、気の向いたときだけの、自身の手による気まぐれな〝リノベ〟に着手した。いわゆるＤＩＹである。

孫の話はするな

孫の話は、集落における生意気な自慢話でしかない、ということを肝に銘じたい。それは、仲がよくなった地元民に対しても、である。

基本的には、どこまで行っても、地元民は移住者を決して快く思っていないか、快く思いつつあっても、心中どこかに、楽に生活しやがって、といったそねみの種のようなものを抱えていると思ったほうがいい。

私は、各地で重ねてきた古老、長老らとのゲートボール場でのやりとりから、そう確信するに至った。

地元民らは一方で頻繁に孫の話をする。もちろん、これも自慢話の類であることに間違いはない。だが、地元民同士だから許されているのだ。すでに、長い間に培われた人間関係のヒエラルキーのなかで、致し方のないものとして互いに了解し、受け止められているからである。

それは、身内意識のなかでの自慢話だからまだ許容されているのであって、移住者はどれだけ交流が深まろうとも、地元民にとっては身内ではなく、外の者であるという感覚を忘れてはいけない。

ところが、これがなかなか難しい。ゲートボールだけでなく、合唱など同好会などでも親しくなると、気を許しがちなのが人間である。

もちろん、気兼ねのない相手になりうることは間違いない。気の置けない仲間もできるだろう。しかし、集落ではどんな些事をもって、一瞬にして身のほどを知らされる局面が到来するかわからないのだ。

長い間、ずっと集落で生き抜いてきた者はその塩梅がわかっていて、またそれが習慣で身についているので、決定的な軋轢を生む場面をすんでのところで回避しているのだ。

穏やかに円滑に回っていると思われる場面でも、移住者には、そうした彼らの、それこそ達人技が見抜けないことが多い。

ああ、うちの孫なんかも、実は云々、と洩らしただけで、それがどれほどの心理的な抵抗を生むかはまったく未知数だ。

未知数なもの、先の読めないものは極めて大きいリスクである。徹頭徹尾、集団の序列と和がすべての地方集落では、リスクになりうることをまず体に叩き込むことが円滑な人間関係の最大の防御である。

孫の話は、移住者がもっとも気を緩めがちな部分である。

ある集落では、皆が自身の孫らがどこの大学に進学しているかという話題のなかで、移住者がぽろっともらした、「今年、無事に早稲田に入って……」という言葉が、その後、集落中で「孫が早稲田だからって……図に乗ってやがる」といった言われように変換され、陰口を延々と叩かれ続けることになった。

とにかく何が気に障るかわからないので、できるだけ具体的なことは話さずに、「お恥ずかしい、すんません」と繰り返していればいいのである。

孫の話は、地元民の身内話としてだけ許されるものであり、外からの移住者がそんな話を繰り出せば、すべてが自慢話にとられ、それはいずれ、集落のヒエラルキーに下克上を謀るものかという、油断ならない危険思想であるだのと糾弾される、恐るべき話にさえなりかねないのだ。

集落では、無能、無力であることを装っているほうが最大の得策、最大の防御である。

別荘地なら恋愛も生まれやすい

別荘地ならばこその適度な人けのまばらさも悪くない。

眼下に屋根は見えども、年間、ほとんど人はいない。それこそ、軒はきのこと変わらない。音たてず、そこに生えているだけ、である。

夜になれば、鹿の群れが軒先をかすめていく。ウッドデッキから仰げば日本有数の星空にミルキーウェイが走り、眼下には鹿の背を見るのが夜毎の日課になっている。気分はまるでニューイングランドの郊外か、アフリカのサファリである。

移住してほどなく、興味深い現象に気づいた。移住者は夫婦そろってと思っていたが、意外にも、独り者が多いのだ。

離婚して独りの女性、女房に先立たれて独りの男性、はたまた芸術家の若い女性たちが、冬場は灯油の買い出しから薪割り、春は花壇づくりから菜園づくりまで、何かと男手の力仕事が必要な局面でペアとなり、目が慣れてくれば、あっちも、こっちも通い婚状態ではないか。人目を憚ることのない、老いらくの恋が、そこここで静かに燃えているのだ。還暦からの恋は、特養やデイサービスにではなく、別荘地にこそあったのだと、気づかされる。

愛犬を伴侶に男の匂いとは無縁の生活を送ってきた女性と、「女房は表参道や伊勢丹が何より楽しいから、都会から離れない。娘はコンビニのないところには来ない」と、ほとんど別居状態の初老の男性との、失楽園カップルが笑顔で語らいながら仲睦まじく犬のリードを引く姿こそ、おしどり夫婦そのもの。従来の「夫婦そろっての老後生活」という移住の固定観念は打ち砕かれる。

移住は「夫婦で一緒に」ではなく、「お一人様で」が秘かな実態だ。

日中、犬でも連れて散歩していれば、山のなかで自然と馴染む。田舎での散歩道は限られている。都会に生きた人間は、結局は孤独に耐えられず、人恋しいものだ。

私がかつて住んでいた集落では、村民大運動会の打ち上げの席などでも、年齢を問わず、男と女は人前では一切交わらず、「男女席をおなじうせず」が徹底されていた。お一人様での移住も、老いてなおの恋も、集落の掟は厳しい。

やはりそこは、別荘地ならではの「都会性」「匿名性」の特権とも言えるだろう。

物件探しは秋から

先日ある初老のオーナーが、引っ越し業者のトラックに荷物を積み込み、発っていった。

「子どもに要らないかって訊いて、名義換えてやるよって言ったんだけども、やっぱり維持費もかかるし、子どもらは自分たちの住宅のローンが定年まであるからとても別荘なんか維持できないって言われたから。それに今は国内よりも海外旅行のほうが安いとかで」

築30年以上の物件だが、1500万の売り出し価格で、春を前に買い手がついた。長らく山に止めっぱなしにしてあったジープも中古車業者が引き取り、男性は東京へと戻っていった。薪ストーブの付いた物件だったが、新たなオーナーが、手探りで薪割りを試す姿が微笑ましい。

だが、この物件のように1000万円以上を出さずとも購入できる物件が、全国の別荘地には今、溢れている。

このオーナーのように、世代交代を迎え、「税金も維持費も、払い続けるよりも売ったほうがいいから」という事情が背景にある。子どもの代が使い続けるにはリフォーム代が高くつきすぎ、病院通いなどでなにかと多忙な隠居生活で、山の生活が無理な人々は都会へ帰っていくからだ。糖尿病や心疾患を持つ人々にも、山暮らしは決して楽ではない。

そんな彼らにしてみれば、「私たちが買った頃に比べたら、本当に二束三文になっちゃったけれど、それでも引き取ってもらえるだけで助かる」（ある女性オーナー）ということになる。

こうした事情を抱えた人々は増加の一途をたどり、次年度の税金や管理料を見据えた晩秋から春にかけてが、掘り出し物件を探す「ベストシーズン」となる。

私が移り住んだ別荘地はリゾートながら、築年数の古い物件が、相続期を迎えて、それこそ投げ売り状態である。インターネットに掲載されるや、じゃんじゃん売れていく。１０００万円台以下の手頃なものなど、すぐに「商談中」の表示が出て、週末の内覧を経た翌週には「成約済み」となる。

ただ、手頃な物件はやはり足が速い。売りに出すほうも、夏に別荘を訪れた後に、「あたしが子どもの頃から来てて、もう長く楽しんだから。古くなってきたし、もう手放してもいいかな。売れたお金で、湯河原のほうで温泉付きのマンションを買う頭金にしてもいいかと思って」（別荘オーナーの60代の主婦）となる。すると、最後の夏を楽しんで、帰りがけに地元の不動産業者に売却依頼を出して帰るのだ。山の秋は早い。

「格安物件、大穴物件を探すのならば、やはり9月くらいには電話ででもいいので声をかけ、物件が持ち込まれた段階で電話をと、頼んでいただければ情報は早いですよ。予め予算との兼ね合いも教えていただければ、物件を受け付ける段階で、値段の交渉さえ可能ですからね。手放したい人は、とにかく早く売りたいんです。都会のマンションでもそうですが、一般向けに告知が出る前には、最優良物件は商談成立済み、なんですよ。だから、とにかく、我々に一言でもいいから声をかけてくだされば、ホームページに載せる前に値引き交渉も含めて可能なんです。ホームページに載ったら横一線。レースになりますから、オーナー側も強気になるので、大きな値引き交渉は難しくなります」（地元不動産業者）

安いものでは、それこそ、都会でワンルームアパートを3、4年借りるのと同程度の費用で購入できる。もしまた引っ越すことになっても、損した気分にはならないだろう。3年も住めば元がとれるのだ。その後は別荘代わりに使ってもよし、貸してもよし、である。

そんな掘り出し物件を探すのはしかし、誰もが動く春から、では遅い。あくまでも、秋から冬にかけて地元の不動産業者らに声をかけておくのがポイントだ。

山間部の移住地候補は冬に見る

物件が〝湧いた〟ときのために地元に唾をつけておくと同時に、移住地では場所の選定こそが肝心だ。

このときに意識して便利なのが、「縦と横の線」となる。

たとえば、その昔は富士山よりも高かったとも言われる八ヶ岳は富士山同様に限りなく麓が広がっている。同じ「南麓」でも、西寄りか東寄りか、あるいは中ほどかでは気候の変化は天と地ほどの差があるのだ。

「たとえば、諏訪湖に近い長野寄りだと、雪が降った日でも、積もり方が数十センチは違います。山の天候は、風と雲が通る〝癖〟がありますから、都会の感覚で町内、市内といった土地を一緒くたに考えていると、雪深さや雪解けの時期も異なってきて、生活が思ったよりも大変ということになります。ですから、山暮らしは季節によって風が山から吹き込む縦の線を意識しなければ、後々、苦労することになります。また、南麓を巻くように走っているJR小海線を境に、雪が深くなったりもします。不思議ですが、小海線よりも上は雪なのに、線路を挟んで下は雨、といったことはあるんです。これは高度、横の線ということになりますが、夏場でもクーラーが要らない1000メートル以上でも、逆に1300メートルを超えると、一気に雪が深くなります。地元の人でも暮らすのは大変になりますから、慣れていない都会の人では下手をすればひと冬ずっと雪に閉ざされたまま、ということになります。夏場の涼しさと冬場のしのぎやすさを考えた場合、横の線では、高度1000メートルから1300メートルの間くらいがベストということが言えるでしょうか。八ヶ岳の目安でいえば、柳生博さん一家が経営する八ヶ岳倶楽部がありますが、あのちょっと上くらいまで、ということになりますね。それ以上はちょっと、雪国育ちの人じゃないと難儀ですよ」（地元不動産業者）

とはいえ、話を聞くだけではなく、冬の、それも降雪の時期に希望の土地を歩かなければならない。

別荘地の住宅を手掛けてきた、同地域にあるホームメーカーが教える。

「夏に購入したり、新築した場所で初めて冬を迎えると、雪が降って地獄を見ますよ。日本の住宅はとにかく道路に近い場所を求めがちですけど、南が広い土地や住宅は、たいがい、北側に道路のアプローチを持ってくる。南がもったいないからって。だけど、北は当然、陽が当たらないので、冬、雪が降ればそこは春まで雪解けしない。その上を車で踏めば、アイスバーンとなって、融雪剤をまこうが、もはや効果はないんです。融雪剤をまけば絶対に雪が融けると思っている誤解がありますけどね、完全なアイスバーンで、陽が当たらないと効果がないんです。それに、八ヶ岳南麓に平地などまずないですから。なだらかとはいえ、すべて傾斜地ですよ。それこそ上から下まで、坂で暮らすような感覚じゃないと。ですからうちが手掛けるときは、必ず、東か南に車寄せと道路へのアプローチをつくるようにアドバイスしていますけど」

そもそも雪道に慣れていない都会人は、冬用タイヤであろうと事故を起こす。「都会の人が戻ってくる週末は、事故対応でもっとも忙しい」（近隣の保険業者）のも無理はない。高速道路を降りてすぐや、高速道路に向かう途中、雪道に慣れた地元の車と事故ばかり、というわけだ。

南側の土地が広いから、というだけで冬場には氷河と化す降雪時の周辺事情を見ておかないと、10月には氷点下になる冬の長い八ヶ岳のような土地での生活は、毎日が命がけになりかねない。

木を伐るのはひと冬待て

山間部の家を購入すると、まず木を伐り始めるのも、都会からの移住者の特徴だ。

都会から訪れると、とにかく木を伐りたがる。都会生活で犠牲にしてきた陽当たりを思う存分、という願いからだろう。だが、標高1200メートルあろうとも、直射日光は極めて熱い、という現実を知らないがゆえである。涼しいのは、木蔭があり、木立のなかだからなのだ。陽当たりは大事だが、土地は一度、裸にしてしまえば、広さに関係なく、もとには戻らない。

実際、とにかく陽当たりをで、かつ木を伐採するのにクレーン代がかかるから一度に全部、という感覚ですべてを伐採すると、そこはまるで森林のなかの砂漠地帯さながらにかんかん照りになる。実際、そうした場所に立つと、東京並みの陽射しで陽当たりを楽しむなどという温度ではない。

こうした家々では、屋根に直射日光が当たり、部屋のなかも熱気がこもる。しまいには、扇風機を回したり、エアコンをつけたりするなどという、本末転倒な状況も増加している。木漏れ日は楽しめるが、直射日光など楽しめないのだ。

それでも、冬場こそ陽をと思うかもしれない。だが、木々の葉が落ちた冬は、真冬でも部屋のなかにまで陽光は差し込む。最初の建設費用でやってもらえるならと、樹木一切を伐り倒し、砂漠にしてしまうと、田舎暮らしでもっとも楽しめる、木漏れ日を活用できなくなるので要注意だ。本来そこは、扇風機で人工の風を起こさずとも過ごせる、ましてやエアコンなど要らない場所なのだ。また、木を伐る場合でも、せいぜい、ハシゴの届く、屋根の高さまでは残しておくべきだろう。根元まで伐ってしまってはハンモック一つ吊るせず、また、木がなければ鳥も来ないという現実がある。

田舎で都会暮らしをするのではなく、田舎の環境を活かして生活をするのが、田舎暮らしの、それこそ醍醐味の一つだ。

移住者がこぞって住む、下水道が完備された地域があるが、そこを冷やかしに覗けば、木々などまるでない、あっても、あたかも住宅展示場さながらの、郊外のニュータウンと変わらない。

また、別荘地とて、分譲数を増やすために、土地の区画割りは決して広くはない。樹木があることで、隣家とのプライバシーも保たれ、互いの生活音も緩和されるという点も考えておきたい。

移住者ばかりが密集する新興の別荘地は、これまた遮るものは何もない、都会の住宅団地さながらである。もちろん、鹿も熊も出る土地であるから、そうした他人の影が間近に感じられるほうが安心するというのもあるだろう。だが、そんな方こそ、都心に疲れたら横浜のニュータウンなどに移住したほうが、よほど便利でニーズに適うのではないかと思わせる。

場合によっては、そちらのほうがむしろ自然豊かでさえある。田舎に〝世田谷生活〟を持ち込むのではなく、木漏れ日を活かし、ときにハンモックライフを楽しんではどうだろうか。だが、それもこれも、木がなくては始まらない。

木を伐るのはひと夏、ひと冬を越し、光の差し込み方を体感してからでも、決して遅くない。木こそは、伐ったら終わりなのだ。

移住前に戸建て暮らしを経験しておく

田舎にはマンションが少ないので、必然的に戸建て暮らしとなる。自然に囲まれていれば季節を問わず虫が入ってくるし、家のメンテナンスも自分でしなくてはならない。

すべてを管理会社が行ってくれる都会のマンションと地方の戸建てとでは、そもそもの〝暮らし方のギャップ〟が大きい。そのため、あらかじめ戸建て暮らしを一度経験しておくと、地方での生活にも馴染みやすくなる。

くわえて、まずは移住を検討している地域に家を借りて住んでみて、その土地の気候や個性を知ったうえで家を建てることをお勧めする。

海辺でも山辺でも、風向きや標高によって家屋の傷みやすさ、住みやすさは相当変わるので、事前に細かく確認しておけるとベスト。

たとえば、土地の湿気や風の通り方、雪質といった地域特性は、各エリアへ灯油を配達する地元のガソリンスタンドのほうが詳しかったりするので、上手に話しかけて情報を集めておくとよいだろう。

地元とのしがらみが強くなったら次の移住地を探せ

移住とは、飽くなき異文化交流にほかならない。相手の文化、こちらの文化も相性というものがある。合わないものは致し方ない。善悪の問題ではない。

しかし、そこまでしてしがみつく必要がないのが、田舎暮らしのそもそものの本旨ではなかったか。

さんざん、都会や職場で気兼ねと遠慮に身を包み、ときに屈辱にも耐え、ようやく大きな解放感を味わいたいための田舎暮らしであるはずなのに、土地は広けれども、集落の古老や長老以下に気を遣い、気詰まりになれば関係改善のための出費を重ねまでしてその土地に居続けることは、無用なストレスに執着することにほかならない。

だからこそ、移住とは、気軽な旅の延長であってほしい。都会でのローン生活のように、仕方なくその場所に縛り付けられるのではなく、自身が好ましい場所を転々と移りゆけばいいのだ。

移住すれども定住せず。その責任は移住者にはない。それは、声高に移住者誘致を叫びながら、その評価もせず、地元集落の因習との改善策さえ講じていない地元自治体の、放置の責任である。

私はこれを、「不作為の瑕疵」と呼ぶが、そんな自治体や土地に居続けて、改善活動に励んだとて、それこそ移住生活の本義とはかけ離れていくだけだ。

居づらくなったら、どんどん引っ越せばよい。

そのためにも、移住地には多くの資産を投じることなく、とにかく身軽に、いつでも移れる最低限のものだけで、それこそ断捨離同然の質素な生活を送っていればいい。

居づらくなったら、とにかく次の地を探す。そうでなければ、悲劇を覚悟しなければならない。

なかには、10年近く無視された挙げ句に、ようやく溶け込めるようになったという移住者もいるが、それは極めてレアケースであり、まだ若くして、かつほかに行きたくとも行きようがない場合である。

もちろん、それだけ努力をすればなんとかなるという、移住における困難打開の希望があるともいえるが、還暦過ぎての移住者が、地域に溶け込むために必死で10年間も頑張れば、それこそ、思わぬ病気であちらからのお呼びさえかかりかねない。

移住地は、都会でため込んだストレスとは無縁の新しい新天地であるべきなのだから、あえて困難に立ち向かう必要はもうないのだ。気詰まりになれば、新しい場所を探し、移っていく。

絶対にそこに定住してこそ移住は成功であるなどと思い込む必要はない。だがどうしても、会社生活で退職まで真面目に勤め上げた人ほど、生真面目に生きてきた性分がやはり移住先でも現れてしまうものだ。

どうしたらいいか、どうすれば溶け込めるか、どうすれば誤解をとけるか。思い悩んだ挙げ句に、山間部の橋から身を投げるケースもある。

嫌なら移る、嫌になったら移る。

それも自由な生き方であり、移住の一つの楽しみであり、醍醐味であると捉えてみたい。無理に頑張る必要はない。

都会の人間を好ましく思っていないことを肝に銘じろ

地方の人間は決して都会の人間を尊敬もしていないし、快くも思っていない。

「都会で楽しくやりやがって、カネができたら今度は俺たちの土地で勝手気ままに暮らそうっていうのか」くらいに思われていると覚悟したほうがいい。

地方の人間は、それこそ80歳になっても、その先でもなんとかカネをつくろうと、それこそ死ぬまで現役で働き続けている。

田植えや稲刈りのシーズンになれば90歳になんなんとする者でさえ、汗を流している。その傍らで家庭菜園だと、農家のまねごとをしたところで、立派だな、などと思われることはない。

お気楽でいいな、くらいのものである。

しかし、互いに交わす笑顔は、そこを移住者に誤解させてしまう。「表の笑顔は裏の怒り」くらいに考えておくほうが無難なのだ。

そう考えれば、あらゆる局面での移住者としての振る舞いは見えてくるだろう。

テレビの田舎暮らしの番組で、カメラを向けられた地元民たちの人情味溢れる振る舞いは、あくまでもテレビという存在に向けられたもので、移住者そのものへのものではない。

そもそもが、Uターンの人間をも蔑んでいるほどの地域感情のなかで、地縁血縁のない移住者などは厄介者でしかないのだ。

行政の移住支援策を眺めると、あたかもその地が自分たちを支援してくれるかのようにどうしても錯覚しがちだが、彼らの心中には、厄介者としての視線があることを肝に銘じたい。

なかには、地元集落に土地を買い、家を新築して、地元にもカネを落としているくらいの気持ちでいる移住者もいるが、持てる者から多くを得ることは当然であり、そうでなければ地方の集落はこれまで存続できなかったのだから、感謝などない。

その結果、集落のなかで、地元組と移住組とで戦争状態さながらの対決状態に陥っているところも少なくない。

だが、移住そのものが商売になってしまっている今、移住斡旋ばかりが商機となり、移住の不都合を徹底的に覚悟させたり、教えるところはほとんどない。

「まあ、こんな不便さもありますが、そこはいろんな人が手伝ってくれるから大丈夫ですよ」などと告げられれば、都会者はそんなものかなと思ってしまうのだ。

だが、よくよく覚悟したほうがいい。

移住は不都合と不条理の宝庫である。自分が想定するメリットよりもデメリットが必ず上回るのが、都会に対する田舎である。

そこへの了解がないままに都会の資産をすべて投げ打っての田舎暮らしは、まさに土地を開拓するに等しい苦労にほかならないと考えるべきである。

おすすめはコミュニティ移住

田舎暮らしブームにより地方へ移住する方は増えたが、現実は「移住すれども定住せず」。

夢を持って地方に家を建てるも、なかなか集落の慣習や文化に馴染めず、結局都会に戻るようなケースが多い。

こうした事態を防ぐためには、「コミュニティ移住」が理想的だ。

集落ではなく、別荘地や分譲地に都会からの移住者がコミュニティをつくって移り住めば、似たような価値観やバックグラウンドを持つ者同士で助け合いができるので、定住につながりやすい。

これまでの地方移住は空き家対策推進の側面もあり、集落への移住を推奨していたが、定住しないのでは意味がない。今後は別荘地や分譲地を視野に入れた定住対策にシフトしていくべきだろう。

その際には、個人ではなくコミュニティをつくり、同質の人間を集めることで、近年多発している移住者同士のトラブルも減るものではないだろうか。

田舎暮らしの終い方を考える

勢いで始めたときほど、引き際の見極めが難しい。

コロナ禍で、今や地方では、東京や横浜の新興住宅地よりもせせこましい建売物件でさえ、飛ぶように売れていく。完全なコロナバブル到来である。

そこにくわえて、二拠点居住だ、デュアルライフだと、ディベロッパーが煽りに煽る。

もちろん、新しい価値観に目覚めることは決して悪いことではない。

しかし、勢いに乗ったときこそ「後始末」の見定めが大切になる。

バブル時代に造られた別荘物件は今や老朽化が進み、持て余すばかりの不良債権化しているが、今が売り抜き時とばかりに、不動産屋はいいように言い値で売り払っていく。

ブームだからこそ、これまでやめるにやめられなかった、「田舎暮らしの終い方」のブームでもある。

まもなく80歳になろうかというYさん夫婦は別荘を構えてもう40年近くになる。子どもが小さいときから通った思い出の地だが、老後はやはり、病院通いも楽な東京都内の自宅が楽になった。

コロナ禍で、「東京なんかからきてくれんなよ」などと、聞こえよがしの罵声を浴びせられたのも、潮時だと決断させるきっかけとなった。

Yさんは小さな農園を持っていた。

りんごに桃、ブドウに梅と、数は専業農家には及ばないが、何十年もかけて丹精込めて育ててきた農園は春夏秋と、多彩な果物を実らせた。

「一番いいときはワインを100本くらいつくった」というほどの専業農家顔負けの、充実の収穫だった。

コロナ禍が来る前から、そろそろ東京にと考え始めて、地元の不動産業者に売り広告を出してもらった。

しかし、あたりは廃屋さながらの別荘ばかり。安い別荘ばかりが売れ、広さゆえに多少は値のあったYさん夫婦の物件は、たまに内覧の客はついたが、成約に至ることはなかった。

数年が経ち、コロナ禍による地方移住ブームに再び火がついた2020年の夏、買い手がついた。

せっかく途中まで育てたからと、Yさん夫婦は物件の引き渡しを収穫の終わる冬で了解してもらい、今後のためにと柵や庭のベンチまでもを丁寧に手作りでこしらえて引き上げていった。

結局、当初からの値を下げることなく、売ることができたのだ。

「そりゃ今どきだから、老後の資金の足しは多いに越したことはない」

子どもが若い時からの田舎暮らしも、子どもも独立し、最後は希望の価格で見事に処分もかなったのだ。

残念ながらというべきか、田舎暮らしは始め方よりも終わらせ方、終い方のほうが格段に難しい。後悔なく、都会に戻る。これが都会人の田舎暮らしの最高の終わり方だろう。

だが、たいていの場合、最後は恨み節で帰っていく。

「あのとき、あんな値段で買ったのに最後はこれだけにしかならねえな」

後にも先にも、これだけ楽しませてもらって、そして家も売れてと、土地と環境、さらに思い出に感謝をして去っていったのは、私が知るのはこのYさん夫婦だけである。

Yさんの「田舎暮らし」の最終盤を親しく伴走させてもらって気づかされたことがある。

なぜ、田舎暮らしの終い方がうまくいったのか——。

Yさんの田舎暮らしから見えてくる、ある作法が浮かび上がってくる。

○思い出を相対評価しない。体験のすべてを絶対価値として楽しむ。

田舎暮らしは、物件選びの段階から、まず金勘定で条件を天秤にかける来訪者がほとんどだ。ここでこの値段ならばあっちのあのほうがお得じゃない？　などと妻が言い出せば、もうその夫婦は田舎暮らしには本質的には向かない夫婦ということになる。この環境がこの値段で、と思えなければ、田舎での暮らしを素直に受け止めることができないということだ。

○家族の成長に合わせて、田舎暮らしの住まいも転住する。

Yさんらは、子どもが小さいときから独立するまで、数度にわたって、域内を転住している。つまり、物件を買い替えているのだ。そうすることで、ライフスタイルに合ったその都度都度の家屋を、まさに暮らしながら、通いながら、じっくりと事情を熟知しながら選び抜くことにもつながっていた。それがゆえに、環境と機能がまさに適合した、質のいい物件に移り住むことができたのだ。

これが、最後に無用に値段を下げずとも当初の希望価格で売れることにもつながったのである。

○地元民、移住者との距離感を共にバランスよく、ほどほどに保つ。

これは実は人間関係上の暮らしやすさの秘訣ではない。田舎暮らしの美しい終い方とは、実は、人間関係の終わらせ方でもある。嫌な思いだけを残して都会に帰っていくのではなく、ほどほどの満足感でほどほどの充実感を抱えて都会に戻ることが、田舎暮らしで過ごした時間をさらなる余生の糧にすることのできる最大の秘訣でもある。そのためには、誰かとべったりではなく、地元民とも移住者とも、ほどほどにバランスよく等距離で付き合うことが大事なのだ。

そうすることで、地元ならではの細やかな視点、移住者ならではの客観的な視点の両方の眼が養われ、するとそこに、田舎暮らしで生き抜くための良質な情報が集まってくることになる。

それがゆえに、この土地のこの環境ならばこれくらいの価格でも大丈夫という、あらゆるものの相場感が養われることにもつながり、値段を下げてでも売り気にはやる不動産業者の口車に乗り、売れたはいいが徒労感と後悔ばかりが残るという状況に直面せずに、自分自身で納得のいく終わり方がかなうことにもつながるのだ。

コロナ禍に端を発した田舎暮らしブームは同時に、昭和世代の田舎暮らしの終いどき、でもある。

稀に見る、40年来におよぶ田舎暮らしを、充実感とともにフィナーレさせたこのご夫妻のように、有終の美を飾るためにこそ、始めるときから、終い方を考えておくことが大切だとも言えるのではないだろうか。

協力：株式会社アセティア

柴田剛
しばた・つよし
親子三代にわたり、日本全国から世界各地を訪ね歩き、生活史の聞き取りを続けている。風土が育む「法(のり)と理(ことわり)の形成」をライフワークに、数ヶ月から数年単位で各地を漂泊し、郷土誌など活字に残らない伝承を拾い集めている。地域の歴史を徹底的に掘り下げることで、地域社会を理解したうえでこそ地域に溶け込むべきという主張に賛同した人々らの移住相談にも乗っている。

ポプラ新書
207
地獄の田舎暮らし

2021年3月8日 第1刷発行
2021年4月9日 第2刷

著者
柴田 剛

発行者
千葉 均

編集
大塩 大

発行所
株式会社 ポプラ社
〒102-8519 東京都千代田区麹町 4-2-6
一般書事業局ホームページ www.webasta.jp

ブックデザイン
鈴木成一デザイン室

印刷・製本
図書印刷株式会社

N.D.C.365/188P/18cm/ISBN978-4-591-16979-7

P8201207

世界史で読み解く現代ニュース

池上彰＋増田ユリヤ

世界史を知っていれば、現代のニュースが理解できる。現代のニュースからさかのぼれば、世界史が興味深く学べる。第一弾の本書では、中国の海洋進出の野望のルーツを中国の「大航海時代」に求め、中東に現在も影響を与え続けているオスマン帝国からイスラム紛争を読み解いてゆく。

ポプラ新書　好評既刊

世界史で読み解く現代ニュース〈宗教編〉

池上彰＋増田ユリヤ

宗教が「世界」を動かす時代に、知らねばならないこととは。「イスラム国」（ＩＳ）の背後にあるイスラム教、欧米を理解するのに欠かせないキリスト教、そしてイスラム教、キリスト教と同じ神を信じるユダヤ教。この三つの宗教を世界史の流れの中で学ぶと現代のニュースがより見えてくる。

生きるとは共に未来を語ること　共に希望を語ること

昭和二十二年、ポプラ社は、戦後の荒廃した東京の焼け跡を目のあたりにし、次の世代の日本を創るべき子どもたちが、ポプラ（白楊）の樹のように、まっすぐにすくすくと成長することを願って、児童図書専門出版社として創業いたしました。

創業以来、すでに六十六年の歳月が経ち、何人たりとも予測できない不透明な世界が出現してしまいました。

この未曾有の混迷と閉塞感におおいつくされた日本の現状を鑑みるにつけ、私どもは出版人としていかなる国家像、いかなる日本人像、そしてグローバル化しボーダレス化した世界的状況の裡で、いかなる人類像を創造しなければならないかという、大命題に応えるべく、強靭な志をもち、共に未来を語り共に希望を語りあえる状況を創ることこそ、私どもに課せられた最大の使命だと考えます。

ポプラ社は創業の原点にもどり、人々がすこやかにすくすくと、生きる喜びを感じられる世界を実現させることに希いと祈りをこめて、ここにポプラ新書を創刊するものです。

未来への挑戦！

平成二十五年　九月吉日　　株式会社ポプラ社